Moazzam Ali
Bakali Mukasa

O papel dos homens no planeamento familiar moderno e na contraceção

Moazzam Ali
Bakali Mukasa

O papel dos homens no planeamento familiar moderno e na contraceção

Uma Bibliografia Anotada

ScienciaScripts

Cover image: www.ingimage.com

This book is a translation from the original published under ISBN 978-3-659-89484-8.

Publisher:
Sciencia Scripts
is a trademark of
Dodo Books Indian Ocean Ltd. and OmniScriptum S.R.L publishing group

120 High Road, East Finchley, London, N2 9ED, United Kingdom
Str. Armeneasca 28/1, office 1, Chisinau MD-2012, Republic of Moldova, Europe
Managing Directors: Ieva Konstantinova, Victoria Ursu
info@omniscriptum.com

Printed at: see last page
ISBN: 978-620-8-56975-4

Conteúdo

1 Resumo

Contexto :

Durante décadas, apesar de várias políticas internacionais e locais de planeamento familiar, intervenções programáticas e investigação destinadas a aumentar a utilização de contraceptivos, os países de baixo e médio rendimento (PRMB) continuaram a enfrentar o desafio da necessidade não satisfeita de planeamento familiar moderno e contraceção.
De acordo com estimativas recentes, 225 milhões de mulheres nos países em desenvolvimento têm uma necessidade não satisfeita de contraceção moderna. O número de necessidades não satisfeitas continuará a aumentar nos próximos anos se a adoção de contraceptivos não acompanhar o crescimento da procura.

O Programa de Ação da Conferência Internacional sobre População e Desenvolvimento (CIPD) de 1994 salientou três áreas em que o envolvimento dos homens na saúde reprodutiva das mulheres é essencial, nomeadamente a utilização de contraceptivos pelos homens através de uma maior educação e distribuição, um maior apoio dos homens às decisões sexuais e reprodutivas das mulheres, em particular a contraceção, e a promoção de um comportamento sexual e reprodutivo responsável por parte dos homens para prevenir e controlar as doenças reprodutivas.

Objectivos: Examinar os dados disponíveis sobre o papel dos homens na melhoria do acesso e da utilização de métodos de planeamento familiar, aumentando assim o espaçamento dos nascimentos e melhorando a saúde das mulheres.
Métodos
Procurámos estudos publicados e literatura cinzenta não publicada nas seguintes bases de dados electrónicas múltiplas: PubMed, MEDLINE, POPLINE,

CINAHL, Academic Search Complete, Science Diret, Web of Science, Cochrane Central, Google Scholar,

Bases de dados da OMS

Resumo dos resultados:

Ao longo dos anos, têm sido realizados estudos para identificar os principais factores da persistente incapacidade de alcançar resultados tangíveis na segurança contraceptiva, mas só recentemente os investigadores começaram a investigar o papel dos homens, maridos e parceiros na não utilização e abandono do planeamento familiar moderno e da contraceção. A análise da literatura identifica e discute os vários mecanismos através dos quais os homens têm sido envolvidos com sucesso em vários projectos e programas de planeamento familiar para aumentar o acesso e a utilização de métodos de planeamento familiar.

Conclusões:

Dada a natureza sensível dos papéis e relações de género em muitas culturas de países de baixa e média renda, é importante compreender e ter em conta as culturas, crenças e atitudes na conceção e desenvolvimento de políticas e programas de intervenção destinados a aumentar o envolvimento dos homens/maridos no planeamento familiar e nas actividades de contraceção. Os resultados desta análise proporcionam uma base para estabelecer o que já se sabe e o que tem funcionado, bem como recomendações para mais investigação sobre o tema do envolvimento dos homens na melhoria da saúde das mulheres através do acesso e da utilização do planeamento familiar moderno e da contraceção.

Este documento examina o papel desempenhado pelos homens, com especial ênfase na sua sexualidade, conhecimentos e atitudes relativamente à utilização de contraceptivos. Vários estudos demonstraram que a prestação de informações aos homens e o seu envolvimento em sessões de aconselhamento podem ajudá-los a apoiar melhor o espaçamento de partos e a contraceção.

2 Antecedentes

O planeamento familiar desempenha um papel essencial na redução da morbilidade e da mortalidade infantil, infantil e materna, protegendo as mulheres do risco de gravidez e das complicações associadas. Ao evitar gravidezes indesejadas, o planeamento familiar também reduz o número de abortos, alguns dos quais são realizados por profissionais não qualificados ou em condições pouco higiénicas, provocando incapacidade e morte. Os benefícios do planeamento familiar vão para além da saúde materna e infantil e incluem, entre outros, a educação das mulheres e das raparigas, a participação na força de trabalho e a contribuição para a melhoria do seu estatuto e capacitação (Canning D et al, 2012). A investigação indica que as famílias mais pequenas, com crianças bem distribuídas, tendem a ter melhores resultados em termos de saúde do que as famílias maiores com um estatuto socioeconómico semelhante. Apesar dos esforços dos programas internacionais e locais de planeamento familiar (PF) para aumentar a aceitação do planeamento familiar como forma de controlar o tamanho da família, o problema da necessidade não satisfeita de planeamento familiar moderno e contraceção persiste, particularmente em países de baixo e médio rendimento (LMICs) (Sedgh & Hussain, 2014). Atualmente, 225 milhões de casais em todo o mundo têm uma necessidade não satisfeita de métodos modernos de planeamento familiar. É necessária uma investigação bem direcionada para orientar o investimento em intervenções eficazes que satisfaçam as necessidades, particularmente em contextos de poucos recursos. O volume de necessidades não satisfeitas continuará a aumentar nos próximos anos se a adoção de contraceptivos não acompanhar o crescimento da procura (Singh e Darroch, 2014).

No passado, os estudos centraram-se na identificação das principais causas da falta de progressos na segurança contraceptiva, mas só nos últimos anos é que os investigadores começaram a investigar o papel dos homens/maridos na não utilização e no abandono do planeamento familiar moderno e da contraceção. O Programa de Ação da Conferência Internacional sobre População e Desenvolvimento (ICPD) de 1994 destacou três áreas em que a inclusão dos homens na saúde reprodutiva das mulheres é essencial (a) promover o uso de contracetivos pelos homens através de uma maior educação e distribuição, (b) reforçar o apoio dos homens às decisões sexuais e reprodutivas das mulheres , particularmente em relação à contraceção, e (c) promover o comportamento sexual e reprodutivo responsável dos homens (Fundo das Nações Unidas para a População [UNFPA], 2014). Os papéis e relações de género têm sido durante anos uma fonte de contestação e rivalidade séria em diferentes contextos culturais nos países de baixa e média renda. Por isso, é importante que os profissionais de planeamento familiar compreendam e tenham em conta as crenças e atitudes culturais dos homens ao conceberem, desenvolverem e implementarem políticas e programas para responder a necessidades contraceptivas não satisfeitas e melhorar a utilização de contraceptivos (Mullany, 2006).

Esta bibliografia anotada foi criada para fornecer aos leitores uma revisão resumida da literatura disponível sobre o papel dos homens na utilização e/ou não utilização do planeamento familiar moderno e dos métodos contraceptivos nos países de baixa e média renda, para ajudar os investigadores e outras partes interessadas no PF e nos métodos contraceptivos modernos a identificar facilmente a literatura atual e preencher as lacunas de conhecimento sobre o tema. Procurámos estudos publicados em várias bases de dados electrónicas até agosto de 2015, incluindo PubMed, MEDLINE, POPLINE, CINAHL, Academic Search Complete, Science Diret, Web of Science, Cochrane Central, Google Scholar e bases de dados da OMS (AIM, LILACS, IMSEAR, IMEMR e WPRIM). Também pesquisámos revistas específicas de PF e os sítios Web de organizações importantes que trabalham na área da saúde reprodutiva e serviços relacionados, incluindo a USAID, UNFPA, MSH, FHI360, PSI, JSI e MSI, para aceder a literatura cinzenta, como relatórios de avaliação de programas, dissertações e outros documentos não publicados relevantes para este estudo. Utilizámos termos MeSH e palavras-chave relevantes para identificar os estudos incluídos nesta bibliografia anotada. Não foram impostas restrições quanto à data de publicação. Embora tão abrangente quanto possível, estamos conscientes de que esta bibliografia anotada não pode ser uma representação exaustiva de todos os estudos realizados sobre o tema do envolvimento dos homens em programas de planeamento familiar e contraceptivos.

3 Bibliografias

Orji, E. O., Ojofeitimi, E. O., & Olanrewaju, B. A. (2007). The role of men in family planning decision-making in rural and urban Nigeria. *The European Journal of Contraception & Reproductive Health Care: The Official Journal of the European Society of Contraception, 12*(1), 70-75. doi:10.1080/13625180600983108

Neste estudo, os autores procuraram determinar o papel dos homens na tomada de decisões sobre planeamento familiar na Nigéria rural e urbana. Um total de 370 homens casados (244 rurais e 126 urbanos) foram entrevistados através de um questionário semi-estruturado pré-testado. Os homens das zonas rurais pertenciam à comunidade de Iwaro, no Governo Local de Atakumosa West, e os homens das zonas urbanas pertenciam à comunidade de Oranfe, no Governo Local de Ife East, ambos no Estado de Osun, no sudoeste da Nigéria. Os investigadores encontraram um elevado nível de sensibilização para o planeamento familiar entre os homens rurais e urbanos, 98,3% e 98,4% respetivamente. De acordo com o estudo, o preservativo era o método mais conhecido e utilizado, mas predominantemente entre os homens das zonas urbanas em comparação com os das zonas rurais (81,1% e 69,4%, respetivamente).

Segundo os autores, a maioria dos homens de ambos os grupos de estudo (rurais e urbanos) considera que a tomada de decisões sobre o planeamento familiar deve ser conjunta, o que contrasta com estudos anteriores e com as crenças generalizadas de que os homens se opõem ao planeamento familiar e dominam a tomada de decisões no seio da família no que diz respeito à utilização de contraceptivos modernos. O estudo mostra que muitos homens utilizariam o planeamento familiar se as suas mulheres o exigissem. A maioria dos inquiridos em ambos os grupos de estudo acredita que os homens não devem acompanhar as suas esposas aos prestadores de serviços de planeamento familiar para obterem material e aconselhamento sobre contraceptivos, o que revela uma falta de conhecimentos e a perceção de que a utilização de contraceptivos é principalmente da responsabilidade da esposa. Por conseguinte, é necessário sensibilizar e educar os homens e os maridos sobre o valor da participação plena em actividades e decisões relacionadas com o planeamento familiar e a contraceção.

Withers, M., Dworkin, S. L., Onono, M., Oyier, B., Cohen, C. R., Bukusi, E. A., & Newmann, S. J. (2015). Perspectivas dos homens sobre o seu papel no planeamento familiar na província de Nyanza, Quénia. Studies in Family Planning, 46(2), 201-215. doi:10.1111/j.1728- 4465.2015.00024.x

Centrando-se na investigação sobre as dinâmicas de género no planeamento familiar, em particular a desaprovação do planeamento familiar por parte dos homens e os baixos níveis associados de utilização de contraceptivos na África Subsariana, os autores realizaram 12 discussões de grupo de foco com 106 homens casados com idades compreendidas entre os 20 e os 66 anos no Quénia para explorar as suas percepções do planeamento familiar. Os resultados deste estudo qualitativo indicam que a desaprovação do planeamento familiar por parte dos homens se deve, em parte, a preocupações com a identidade masculina e os papéis de género, e ao facto de os homens desconfiarem frequentemente das informações sobre planeamento familiar fornecidas pelas suas mulheres, por suspeitarem de infidelidade ou por serem vistos como "pastores". Além disso, os homens temiam que, se se envolvessem em práticas de planeamento familiar, os prestadores de serviços os pressionassem a fazer uma vasectomia ou a revelar às suas mulheres a sua atividade sexual extraconjugal ou o seu diagnóstico de VIH. Os autores recomendaram que, para aumentar a utilização de contraceptivos, os programas de planeamento familiar deveriam ser concebidos para visar os casais em conjunto, e que a educação dos homens em matéria de planeamento familiar deveria ser ministrada por trabalhadores masculinos, a fim de reduzir os problemas de confiança. Além disso, os autores sublinharam a necessidade de programas comunitários dirigidos diretamente aos homens para reduzir o estigma e as ideias erradas e para aumentar a sensibilização para os benefícios do planeamento familiar.

Mistik, S., Nagar, M., Mazicioglu, M. e Cetinkaya, F. (2003). Opiniões e envolvimento dos homens casados em relação à família nas zonas rurais. Contraception, 67(2), 133-137. doi:10.1016/S0010-7824(02)00459-6

Neste estudo quantitativo, os autores inquiriram homens casados com idades compreendidas entre os 15 e os 49 anos para determinar as suas opiniões sobre o planeamento familiar e para estabelecer o seu nível de envolvimento na . Os autores observaram que os homens desempenham um papel importante na reprodução, pelo que é extremamente útil avaliar e encorajar o seu envolvimento na contraceção, especialmente nos países em desenvolvimento onde a necessidade de contraceção não satisfeita continua a ser elevada. Este estudo foi realizado em Kayseri, na Turquia, com 150 homens casados, recrutados aleatoriamente entre 856 homens casados em Erciyes, um centro de saúde rural. O estudo envolveu 82% da amostra total (150 homens). Foram apresentados questionários a 123 homens casados para determinar as suas atitudes e comportamentos em relação ao planeamento familiar. Os resultados mostraram que 91,9% dos homens aprovavam o planeamento familiar, mas apenas 54,4% utilizavam efetivamente métodos contraceptivos; 66,7% dos homens diziam que a decisão devia ser tomada em conjunto e 66,4% queriam limitar o tamanho da família.

Os resultados do estudo também revelaram uma falta significativa de conhecimentos sobre planeamento familiar e opções contraceptivas. Por exemplo, cerca de um quarto dos participantes no estudo nunca tinha ouvido falar de esterilização voluntária, nenhum deles conhecia a mini-pílula, o diafragma ou o Norplant, 26,8% dos homens não queriam que as suas mulheres utilizassem dispositivos intra-uterinos e 31,7% não concordavam com a utilização de pílulas contraceptivas pelas mulheres. Além disso, 46,3% não estavam dispostos a usar preservativos, sendo que a maioria (70,1%) acreditava que o preservativo poderia interromper as relações sexuais. Quando questionados sobre a pílula contraceptiva masculina, apenas 25,2% dos participantes estavam preparados para a utilizar, e apenas 17,5% dos homens estudados tinham contactado um fornecedor para obter informações.

A maioria afirmou que a televisão ou a rádio eram a principal fonte de informação sobre planeamento familiar, seguidas dos amigos e dos jornais/revistas. Existe, portanto, uma lacuna urgente de informação que precisa de ser preenchida. Para encorajar e melhorar a participação masculina, os programas e intervenções de planeamento familiar devem visar a utilização dos meios de comunicação social e programas de educação contínua para homens e mulheres. É necessária uma maior sensibilização, em especial para o valor do planeamento familiar conjunto e para a tomada de decisões sobre a utilização de contraceptivos, com destaque para as diferentes opções de contraceptivos disponíveis para os homens, a fim de reforçar o papel dos homens e a aceitação global.

Lee, R. B. (1999). Men's involvement in women's reproductive health projects and programmes in the Philippines. Reproductive Health Matters, 7(14), 106-117. doi:10.1016/S0968- 8080(99)90011-3

Motivados pela necessidade de preencher lacunas de informação sobre a participação dos homens em iniciativas de saúde das mulheres nas Filipinas, os autores realizaram um estudo a nível nacional, entre 1997 e 1998, de 41 projectos e programas centrados nas mulheres nas áreas do planeamento familiar, DST/SIDA e violência doméstica, para determinar se os programas tinham componentes masculinos e se os homens participavam com sucesso. De acordo com os autores, 20 projectos em cinco grandes cidades, incluindo ONG, universidades e alguns projectos governamentais, envolviam homens. Os principais serviços prestados incluíam aconselhamento, sessões de educação, fornecimento de preservativos e o recrutamento de homens como educadores comunitários e de pares. Os resultados das entrevistas com 15 gestores de projectos/programas mostraram que o envolvimento dos homens era benéfico tanto para os homens como para as mulheres que participavam nestas intervenções, mas que era difícil interessar e envolver os homens na utilização de métodos contraceptivos masculinos e de preservativos para o planeamento familiar e a prevenção das DST/SIDA. Além disso, o estudo mostra que, embora muitos homens filipinos apoiem as suas mulheres na utilização do planeamento familiar, a prática é vista, em grande medida, como um assunto de mulheres. Muitos rejeitam o uso do preservativo e vêem as DST ou a SIDA como um risco grave para si próprios e para as suas mulheres. Muitos não vêem com bons olhos os projectos de luta contra a violência doméstica, receando que as suas mulheres adquiram um sentimento de liberdade e de autonomia quando eles próprios são castigados. Outras razões, como os longos horários de trabalho, também limitam a participação dos homens.

Embora o artigo se centre noutras áreas, incluindo a violência doméstica e as DST, os autores esforçaram-se por fornecer uma indicação clara da posição e do papel dos homens/maridos na utilização de contraceptivos nas Filipinas. Os programas de planeamento familiar podem basear-se na positividade da aprovação dos homens em relação à utilização de contraceptivos pelas suas mulheres, com vista a um maior interesse no envolvimento em iniciativas que incentivem uma maior participação masculina no futuro.

Sedgh, G. e Hussain, R. (2014). Razões para a não utilização de contraceptivos entre mulheres com necessidades não satisfeitas de contraceção nos países em desenvolvimento. Studies in Family Planning, 45(2), 151-169. doi:10.1111/j.1728-4465.2014.00382.x.

Neste estudo, os autores utilizaram dados de 51 inquéritos realizados entre 2006 e 2013 em África, na Ásia, na América Latina e nas Caraíbas para fornecer uma análise actualizada das razões pelas quais as mulheres casadas com necessidades não satisfeitas não utilizam contraceptivos. Os autores examinaram as razões para a não utilização de contraceptivos e a forma como estas razões variam de país para país e de acordo com os níveis nacionais de necessidades não satisfeitas e de utilização de contraceptivos. Os investigadores apresentaram resultados específicos sobre as razões mais comuns para a não utilização, nomeadamente relações sexuais pouco frequentes, preocupações com efeitos secundários ou riscos para a saúde e oposição do parceiro. Nas suas conclusões, os autores recomendam uma série de intervenções que poderiam ajudar as mulheres com necessidades não satisfeitas a ultrapassar os obstáculos à utilização de contraceptivos, incluindo o acesso a serviços que ofereçam uma gama de métodos à escolha, informação e aconselhamento para ajudar as mulheres a selecionar e utilizar eficazmente um método adequado, e o investimento em programas centrados na oposição do parceiro (homens/maridos hostis à utilização de contraceptivos) em países e regiões onde estas questões constituem um problema significativo.

Com base nos estudos qualitativos disponíveis sobre a não utilização da contraceção moderna, os autores consideraram necessário realizar esta investigação qualitativa para determinar as causas da não utilização do planeamento familiar e da contraceção. Os 51 países cujos dados do Inquérito Demográfico e de Saúde foram utilizados representam 68% da população dos países em desenvolvimento, com exceção da Ásia Oriental, onde a necessidade não satisfeita entre casais casados é relativamente baixa. Assim, pode dizer-se que o estudo se baseou numa amostra de dimensão suficiente, o que é essencial para determinar a validade, fiabilidade e generalização de estudos quantitativos.

Embora o estudo não se tenha centrado principalmente no papel dos homens/maridos no planeamento familiar moderno e na utilização de contraceptivos, os autores explicam em pormenor como os homens continuam a ser um dos principais obstáculos à utilização de contraceptivos entre as mulheres com necessidades não satisfeitas. Em particular, enquanto apenas 11% das mulheres na América Latina e nas Caraíbas referiram que o seu parceiro, ou outra pessoa próxima, se opunha à utilização de contraceptivos, 25% e 27% das mulheres em África e na Ásia, respetivamente, citaram a oposição do parceiro como razão para não os utilizarem. Segundo os autores, o problema da oposição do parceiro à utilização de contraceptivos modernos foi mais frequentemente citado no Sul da Ásia Central (31%) e na África Ocidental (30%), e menos frequentemente no Sudeste Asiático (7%).

Ortayli, N., Bulut, A., Ozugurlu, M. e £okar, M. (2005). Porquê retirar-se? Porquê não desistir? Perspectivas masculinas.
Reproductive Health Matters, 13(25), 164-173. doi:10.1016/S0968-8080(05)25175-3.

Este estudo foi realizado com o objetivo de compreender melhor a opinião dos homens sobre o aborto como método contracetivo. O estudo foi efectuado na zona ocidental de

O estudo foi realizado na Turquia e envolveu entrevistas aprofundadas com 62 trabalhadores (utilizadores e não utilizadores de retratamento) para explorar as suas atitudes em relação ao planeamento familiar, à informação sobre contraceptivos, à experiência conjugal e sexual e aos valores e atitudes relacionados com o género. O estudo mostrou que tanto as utilizadoras como as não utilizadoras consideravam que a retirada tinha várias vantagens, incluindo a ausência de efeitos secundários, a facilidade de acesso e a ausência de custos financeiros. Enquanto as actuais utilizadoras referiram que a retirada era fácil de utilizar e conveniente, as não utilizadoras queixaram-se de que a retirada era difícil de utilizar, dependente do coito, provocava ansiedade e reduzia o prazer durante o sexo. As actuais utilizadoras consideram que os maridos, enquanto chefes de família, têm uma responsabilidade no planeamento familiar e na proteção das suas mulheres contra os possíveis efeitos adversos dos contraceptivos. Os autores concluíram que a interrupção da gravidez deve ser considerada uma escolha válida num mundo em que é desejável uma maior escolha de métodos, o envolvimento masculino e a assunção da responsabilidade pela saúde reprodutiva. Dadas as vantagens citadas, os programas de planeamento familiar devem considerar a retirada como um meio potencial de envolver ativamente os homens nas práticas contraceptivas, um meio que merece mais atenção e apoio.

Dudgeon, M. R., e Inhorn, M. C. (2004). Men's influences on women's reproductive health: Medical anthropological perspectives. Social Science & Medicine (1982), 59(7), 1379-1395. doi:10.1016/j.socscimed.2003.11.035.

Neste estudo, os autores partem da premissa de que os homens influenciam a saúde reprodutiva das mulheres enquanto parceiros das mulheres e pais dos seus filhos, e que a influência dos parceiros masculinos na saúde reprodutiva das mulheres é complexa e inclui efeitos diretos e indirectos e efeitos biológicos e sociais. Compreender os efeitos dos parceiros masculinos na saúde reprodutiva e, em particular, a gama de significados dos comportamentos e crenças reprodutivas em contextos particulares e culturais, é uma área importante de investigação em antropologia médica. Segundo os autores, embora a agenda da CIPD de 1994 apele explicitamente à inclusão dos homens nas intervenções de saúde reprodutiva, o desafio atual para o quadro reprodutivo é caraterizar a possível influência dos homens e medir o seu impacto na saúde materna e infantil. Há várias décadas que os antropólogos médicos têm vindo a realizar investigação sobre saúde reprodutiva, explorando os efeitos dos parceiros masculinos na saúde das mulheres e das crianças. Nesta revisão, os autores resumiram as contribuições da investigação e os conhecimentos que os antropólogos médicos trouxeram para a crescente literatura demográfica e de saúde pública sobre o papel dos homens e a saúde reprodutiva.

Em primeiro lugar, os autores exploram o conceito de direitos reprodutivos no contexto da antropologia, introduzindo perspectivas antropológicas sobre como integrar equitativamente os homens em programas e políticas de saúde reprodutiva. De seguida, exploram alguns exemplos marcantes da importância dos homens nas áreas da contraceção, aborto, gravidez e parto, infertilidade e danos fetais. Os autores destacam as lacunas na investigação sobre o papel dos homens nos métodos modernos de planeamento familiar e na contraceção. O artigo conclui com reflexões sobre futuras áreas de investigação antropológica que poderiam basear-se nos conhecimentos actuais para melhor compreender a influência dos homens na saúde reprodutiva das mulheres.

Tilahun, T., Coene, G., Temmerman, M., & Degomme, O. (2014). Discordância conjugal na preferência de fertilidade e seu efeito na prática contraceptiva entre casais na zona de Jimma, Etiópia. Saúde Reprodutiva, 11(27). doi:10.1186/1742- 4755-11-27.

Este estudo transversal foi realizado na zona de Jimma, na Etiópia, para avaliar os níveis de acordo entre os cônjuges sobre as preferências de fertilidade e a comunicação entre os cônjuges, e para examinar o impacto na utilização de contraceptivos pelos casais. Os autores recolheram dados quantitativos de 811 casais entre março e maio de 2010, utilizando uma amostragem em várias fases. Os participantes foram recrutados em seis distritos da zona de Jimma, na Etiópia. Neste estudo, foram entrevistados tanto os maridos como as mulheres. A concordância entre maridos e mulheres foi avaliada utilizando várias estatísticas e testes, incluindo taxas de concordância, ANOVA, K de Cohen e teste de McNemar para amostras emparelhadas. Além disso, os autores realizaram uma análise multivariada para determinar os factores associados ao uso de contraceptivos. Os resultados indicam que mais de metade dos casais inquiridos desejava ter mais filhos e que 27,8% dos cônjuges tinham opiniões divergentes sobre o desejo de ter mais filhos. Dos casais que desejavam ter mais filhos, 48,7% discordavam quanto à preferência sexual. Além disso, os resultados do estudo indicam um acordo positivo entre os cônjuges sobre a importância do planeamento familiar e que a atitude favorável do marido em relação ao planeamento familiar determina a utilização de contraceptivos pelo casal. Em particular, o estudo revela uma elevada taxa de preferência contraceptiva (TPC) de 42,9% entre os casais cujos maridos já não querem ter filhos, ao passo que os valores da TPC são muito baixos entre os casais cujos maridos querem ter mais filhos. Parece, portanto, que o homem/marido tem uma grande influência na utilização do planeamento familiar moderno e da contraceção.

Para além disso, os autores encontraram uma associação positiva entre a comunicação conjunta dos cônjuges sobre a decisão de usar contraceção e a prevalência da contraceção no casal. Os autores concluíram que os programas de planeamento familiar que visam aumentar o uso de contraceção podem beneficiar dos resultados sobre o acordo entre os cônjuges relativamente à fertilidade desejada, uma vez que as caraterísticas de cada cônjuge influenciam o nível de fertilidade do casal. As disparidades entre maridos e mulheres em termos do seu desejo de ter mais filhos sublinham a necessidade de ter em conta os homens nas intervenções destinadas a responder ao desafio das necessidades de contraceção não satisfeitas. O estudo indica que os homens desempenham um papel importante na tomada de decisões sobre a utilização de contraceptivos, pelo que o seu envolvimento em programas de planeamento familiar poderia aumentar significativamente a utilização de contraceptivos por um casal no futuro.

Ahsan, S. B. (1992). Os homens no Bangladesh desempenham um papel no planeamento familiar. Network (Research Triangle Park, N.C.), 13(1), 18-19.

Neste artigo, o autor refere que, no Bangladesh, cada vez mais homens convencem as suas mulheres a recorrer ao planeamento familiar. Neste país muçulmano conservador, as mulheres não estão autorizadas a sair de casa, pelo que os maridos saem para comprar contraceptivos para as suas mulheres, sobretudo nas zonas rurais. O autor refere que 70% das mulheres que utilizam contraceptivos orais (CO), DIU ou preservativos dizem que os maridos lhes compram estes métodos. O artigo refere uma taxa de penetração muito baixa. A esterilização feminina e os CO são os dois métodos mais populares (9% cada), seguidos dos preservativos (2%), dos DIU (1,7%) e da vasectomia (1,5%). A taxa de fecundidade total era de 4,8, superior ao objetivo de 3,5 que o Bangladesh pretendia atingir até 1995. Em 1975, 30% das mulheres acreditavam que o destino determinava o tamanho da família, mas na altura deste estudo (1992), apenas 8% o faziam. O estudo revela uma mudança positiva na atitude em relação à dimensão da família, apesar da persistência do analfabetismo e da pobreza.

Além disso, o estudo mostra que as crenças religiosas tradicionais ainda estão muito difundidas nas zonas rurais, o que torna difícil para as mulheres falarem com os maridos sobre planeamento familiar. A comunicação aberta entre marido e mulher era mais comum entre os casais urbanos de classe média. Um estudo com 2.586 pessoas susceptíveis de aceitar o Norplant em clínicas familiares no Bangladesh e em três outros países em desenvolvimento mostra que o aconselhamento reduz a ansiedade das mulheres e dos seus maridos em relação ao Norplant e aos seus efeitos secundários. O autor observou que as mulheres dos homens que receberam aconselhamento registaram taxas mais elevadas de continuação do uso do Norplant do que as mulheres cujos maridos não receberam aconselhamento. O autor conclui, portanto, que os homens desempenham um papel crucial na mudança de atitudes em relação ao planeamento familiar no Bangladesh e recomenda que as intervenções políticas destinadas a aumentar a utilização do Norplant se concentrem no reforço do envolvimento dos homens.

Mbizvo, M. T. e Adamchak, D. J. (1991). Family planning knowledge, attitudes, and practices of men in Zimbabwe. Studies in Family Planning, 22(1), 31-38. doi:10.2307/1966517.

Neste artigo, os autores exploraram os conhecimentos, atitudes e práticas de planeamento familiar entre os homens no Zimbabué. Os autores argumentam que a compreensão do papel dos homens na inibição ou promoção da adoção de contraceptivos poderia informar a conceção de programas adequados de promoção do planeamento familiar e o sucesso dos programas no Zimbabué e noutros países africanos. Os autores utilizaram dados do Inquérito à Fertilidade Masculina de 1988, uma amostra representativa de 711 homens casados com 20 anos ou mais. Os resultados do inquérito mostraram que os homens desempenham um papel importante na decisão de utilizar métodos de planeamento familiar e na determinação do número de filhos que um casal deve ter. O conhecimento dos homens sobre os diferentes métodos de planeamento familiar é elevado, assim como a sua aprovação e utilização do planeamento familiar. Foram também estudadas as atitudes em relação à informação sobre planeamento familiar, à obtenção de métodos, à comunicação entre o casal e à dimensão da família. Concluiu-se que os homens devem ser incluídos sem demora nos programas de informação, educação e comunicação.

Tilahun T, Coene G, Temmerman M, Degomme O. Educação para o planeamento familiar baseada no casal: mudanças no envolvimento masculino e uso de contraceptivos entre casais casados na Zona de Jimma, Etiópia. BMC Public Health. 2015 Jul 21;15:682. doi: 10.1186/s12889-015-2057-y.

O planeamento familiar contribui substancialmente para a realização dos Objectivos de Desenvolvimento do Milénio. Recentemente, o envolvimento dos homens tem recebido uma atenção considerável nos programas de planeamento familiar, mas a sua implementação continua a ser um desafio. Neste contexto, este estudo teve como objetivo medir o efeito de um programa educativo de planeamento familiar de seis meses no envolvimento dos homens no planeamento familiar, bem como na prática contraceptiva dos casais.

Os autores realizaram uma investigação quase experimental com 811 casais na zona de Jimma, no sudoeste da Etiópia. O nosso estudo incluiu um grupo de intervenção e um grupo de controlo para efeitos de comparação, e foi realizado antes e depois da implementação da intervenção. A intervenção consistiu na educação sobre planeamento familiar ministrada a homens e mulheres ao nível do agregado familiar no grupo intervencionado, bem como em reuniões comunitárias mensais. Durante o período de intervenção, os agregados familiares do grupo de controlo não foram sujeitos a quaisquer actividades específicas, mas tiveram acesso a serviços de saúde de rotina.

Os autores obtiveram dados de acompanhamento de 760 dos 786 (96,7%) casais inicialmente inscritos no inquérito. Os resultados foram comparados dentro e entre grupos antes e depois dos inquéritos de intervenção. Na linha de base, a utilização de contraceptivos nos agregados familiares de controlo e de intervenção era semelhante. Após a intervenção, observou-se um nível significativamente mais elevado de vontade de se envolver ativamente no planeamento familiar entre os homens do grupo de intervenção ( ) do que entre os homens do grupo de controlo ($p < 0,001$). Além disso, a diferença entre os cônjuges que discutiram questões de planeamento familiar foi menos relatada no grupo de controlo, tanto para homens como para mulheres (($p = 0,031$) e ($p < 0,001$)), respetivamente. Em geral, foi observada uma diferença significativa e positiva para o envolvimento masculino. Em termos de utilização de contraceptivos, foi observada uma alteração no grupo de intervenção que não utilizava contraceptivos no início do estudo.

Este estudo demonstrou que uma intervenção educativa em matéria de planeamento familiar, que inclua ambos os cônjuges e encoraje a comunicação entre eles, pode ser útil para encorajar os casais a utilizarem a contraceção. Os resultados também oferecem informações práticas sobre os benefícios de envolver os homens no planeamento familiar como a melhor forma de aumentar o uso de contraceptivos. Assim, proporcionar oportunidades para reforçar a educação em planeamento familiar pode fortalecer o atual sistema de prestação de serviços de planeamento familiar.

Kaida, A., Kipp, W., Hessel, P., & Konde-Lule, J. (2005). Male participation in family planning: results from a qualitative study in Mpigi District, Uganda. Journal of Biosocial Science, 37(03), 269-286. doi : 10.1017/S0021932004007035.

Este estudo qualitativo foi realizado no distrito de Mpigi, no centro do Uganda, para determinar as percepções dos homens sobre o planeamento familiar e a forma como participam ou desejam participar nas actividades de planeamento familiar. Os autores observaram que os programas de planeamento familiar eram tradicionalmente dirigidos às mulheres, uma vez que são elas que engravidam e enfrentam os riscos de saúde associados à gravidez e ao parto. Partia-se do princípio de que as mulheres eram as mais motivadas para evitar gravidezes não desejadas. O enfoque nas mulheres explica-se em parte pelo facto de estas estarem mais frequentemente em contacto com o sistema de saúde do que os homens, devido ao papel central que desempenham na saúde da família, em particular na saúde e no bem-estar dos bebés e das crianças com menos de cinco anos.

Os autores realizaram quatro grupos de discussão com homens casados ( ) e prestadores de serviços de planeamento familiar dos sectores público e privado. Para além disso, foram entrevistados sete informadores-chave utilizando um guia de entrevista semi-estruturado. Os resultados deste estudo indicam que os homens têm conhecimentos limitados sobre planeamento familiar, que os serviços de planeamento familiar não satisfazem adequadamente as necessidades dos homens e que a comunicação entre os cônjuges sobre questões de planeamento familiar é geralmente fraca. Apesar deste conhecimento limitado, os autores observaram que quase todos os homens aprovam o planeamento familiar moderno e expressam grande interesse em participar no mesmo. No entanto, esta mudança positiva nas crenças e atitudes dos homens em relação ao planeamento familiar nos últimos anos não foi reconhecida pelos responsáveis pelos programas de planeamento familiar. Os serviços disponíveis não correspondem às atitudes actuais do público e não vão ao encontro dos interesses dos homens.

Para além dos conhecimentos limitados sobre planeamento familiar moderno e contraceção e da falta de pessoal credível nesta área, os resultados do estudo revelaram que a falta de comunicação entre os cônjuges sobre planeamento familiar no distrito de Mpigi era outro fator importante que influenciava o papel dos homens na utilização de planeamento familiar moderno e contraceção. Esta conclusão foi largamente expressa pelos homens, que a atribuíram à sua fraca compreensão do planeamento familiar e à relutância comum dos fornecedores de planeamento familiar (principalmente mulheres) em incluir os homens no aconselhamento sobre planeamento familiar e noutras actividades do programa. Na sua conclusão, os autores recomendam uma abordagem do planeamento familiar mais centrada no casal, incluindo o recrutamento de homens como prestadores de serviços de planeamento familiar, a oferta de mais aconselhamento de planeamento familiar aos casais e a promoção de métodos mais centrados no homem para aumentar o envolvimento dos homens no planeamento familiar moderno e nos métodos contraceptivos.

Clark, J., Yount, K. M. e Rochat, R. (2008). Men's involvement in family planning in rural Bangladesh. Journal of Biosocial Science, 40(6), 815-40. doi:10.1017/S002193200800285X.

Neste estudo quantitativo, os autores avaliaram o impacto do planeamento familiar centrado nas mulheres sobre a participação dos homens na tomada de decisões em matéria de contraceção no Bangladesh. A análise baseou-se em dados de um inquérito a casais casados realizado entre janeiro e setembro de 2000. Neste relatório, os autores referem que a prevalência da contraceção aumentou consideravelmente nas zonas rurais do Bangladesh, graças, em parte, a um sistema de distribuição ao domicílio criado pelo Centro Internacional de Investigação sobre Doenças Diarreicas do Bangladesh (ICDDR,B). Este estudo examinou os efeitos da residência na área de tratamento do MCH-FP de Matlab sobre o envolvimento dos homens no planeamento familiar. A análise comparou o tratamento, os conhecimentos e atitudes em matéria de contraceção e os níveis de utilização de contraceptivos entre 413 homens casados entrevistados no início de um projeto de envolvimento masculino do ICDDR,B. Embora a residência na área do projeto MCH-FP esteja associada a uma maior prevalência global de contraceptivos, também está associada a uma menor razão ajustada de utilização de métodos masculinos e femininos e a menores probabilidades de outros indicadores de envolvimento masculino no planeamento familiar.

Os autores concluem que as decisões históricas de excluir os homens da tomada de decisões sobre contraceção colocaram o "fardo" do planeamento familiar e da contraceção nas mulheres e excluíram a participação produtiva dos homens. Estas e outras implicações e estratégias para aumentar o envolvimento masculino são discutidas. Além disso, os autores argumentam que os resultados deste estudo sublinham claramente a necessidade de os programas de intervenção de planeamento familiar promoverem o envolvimento masculino, que os programas devem proporcionar um ambiente em que as contribuições dos homens para as decisões de planeamento familiar sejam valorizadas e desejadas, e em que os direitos dos casais a decidirem livremente o número e o espaçamento dos seus filhos sejam protegidos. Educar os homens sobre as opções contraceptivas pode fornecer-lhes os instrumentos para tomarem decisões informadas sobre a utilização de contraceptivos por eles próprios e pelas suas mulheres.

Khalifa, M. A. (1988). Attitudes of urban Sudanese men toward family planning. Studies in Family Planning, 19(4), 236-243. doi:10.2307/1966555.

Este estudo foi realizado em três áreas urbanas de Cartum, a capital do Sudão ( ), para avaliar as atitudes dos homens sudaneses urbanos em relação às práticas de planeamento familiar. O autor observou que o papel dos homens nas decisões sobre a vida familiar no Sudão era reconhecido na literatura demográfica. Utilizando dados do Inquérito sobre as Atitudes dos Homens de 1985, os resultados indicam que os homens sudaneses desempenham um papel importante na tomada de decisões em matéria de planeamento familiar. O estudo examinou as atitudes de 1.500 homens com mais de 18 anos que vivem nas zonas urbanas de Cartum em relação ao planeamento familiar. Os resultados do estudo indicam que a decisão de não praticar o planeamento familiar é dominada pelos homens e que os maridos são responsáveis pelo fornecimento de contraceptivos quando o planeamento familiar é praticado. Os homens da amostra têm concepções erróneas generalizadas sobre a vasectomia, bem como uma taxa de aceitação muito baixa. O autor conclui que o envolvimento dos homens nos programas de planeamento familiar daria a estes programas uma maior probabilidade de sucesso no futuro.

Ringheim, K. (1996). Envolvimento masculino e métodos contraceptivos para homens: presente e futuro. Social Change, 26(3-4), 8899. PMid:12348919.

Este estudo debruçou-se sobre o envolvimento dos homens no planeamento familiar e na contraceção, examinando os quatro métodos masculinos habituais de controlo da fertilidade: coito interrompido (retirada), abstinência periódica, vasectomia e preservativos, que representam apenas 30%

da utilização de contraceptivos em todo o mundo. Segundo o autor, o facto de os programas de planeamento familiar não reconhecerem o papel crucial dos homens no processo de tomada de decisões em matéria de contraceção pode ser parcialmente responsável pela estagnação das taxas de prevalência da contraceção em algumas partes do mundo. O desenvolvimento de novos métodos reversíveis de controlo da fertilidade masculina com níveis adequados de aceitabilidade representa um grande desafio no domínio da saúde reprodutiva. Os métodos hormonais mais promissores são as combinações de androgénios e progestinas administradas sob a forma de injecções ou implantes. Estas hormonas suprimem a espermatogénese através da inibição da hormona luteinizante e da hormona folículo-estimulante. Os voluntários para os primeiros ensaios clínicos de métodos hormonais masculinos foram motivados pelo desejo de partilhar a responsabilidade pelo planeamento familiar, bem como pela preocupação com os efeitos secundários associados a muitos métodos femininos. As abordagens genéticas e imunológicas têm potencial a longo prazo, mas permanecem ao nível da ciência básica. O autor conclui que é necessário um empenhamento na investigação da contraceção masculina, nomeadamente por parte da indústria farmacêutica.

Timmermans, D. (1996). O papel dos homens na saúde reprodutiva: o planeamento familiar é um assunto de família. Entre Nous (Copenhaga, Dinamarca), (32), 8-9. PMid:12222273.

Segundo o autor, pouco se sabe sobre a forma como os homens percepcionam a sua função reprodutiva e a sua vida sexual, e há pouca investigação relevante ou experiência de programas em que os investigadores se possam basear. No entanto, os poucos dados disponíveis sugerem que os homens estão altamente motivados para assegurar um funcionamento sexual eficaz e satisfatório, bem como o tratamento de doenças sexualmente transmissíveis.

Sabe-se menos sobre o que motiva os homens a preocuparem-se com gravidezes não desejadas. Os resultados do estudo indicam que uma combinação de atitudes masculinas e de preconceitos dos prestadores de serviços é responsável pelo envolvimento menos favorável dos homens em programas de planeamento familiar e de contraceção. Os homens são negligenciados e mal preparados para o planeamento familiar e para os cuidados de saúde reprodutiva. Na maioria das publicações sobre saúde reprodutiva, e ainda mais frequentemente nas publicações sobre planeamento familiar, os homens só são tidos em conta quando se trata de métodos masculinos de planeamento familiar. Ao analisar a história dos papéis dos homens e das mulheres na saúde reprodutiva, a autora recomenda que os programas de planeamento familiar invistam em abordagens inovadoras para reforçar os papéis dos homens.

Pillai, V. K., & Kelley, A. C. (1994). Men and family planning: Toward a policy of male involvement. Polish Population Review / Polish Demographic Society [E] Central Statistical Office, (5), 293-304.

Neste estudo, os autores examinaram a extensão da utilização do planeamento familiar pelos homens e a natureza do papel dos homens no planeamento familiar nos países em desenvolvimento. Apresentaram estudos de caso que mostram exemplos bem sucedidos de estratégias para envolver os homens no planeamento familiar. De acordo com os autores, as políticas destinadas a aumentar a participação dos homens devem ter em conta os valores culturais, aplicar uma abordagem governamental descentralizada à informação e à aquisição, demonstrar uma vontade política adequada e ter em conta os custos e benefícios da mudança de valores. Uma política de planeamento familiar masculino nem sempre seria compatível com todos os valores de fertilidade nos países em desenvolvimento ou com os valores tradicionais da população mais idosa. Uma política deve sublinhar a importância de os homens contribuírem tanto quanto possível para o seu próprio bem-estar e o dos outros. O envolvimento da comunidade é considerado importante para criar um sentimento de apoio mútuo.

Os autores observaram que é necessário um investimento significativo para a divulgação em massa de informações sobre contraceção e identificaram as escolas como um local ideal para educar os jovens sobre os problemas da elevada fertilidade e a utilização de métodos de planeamento familiar, como os preservativos. Os métodos masculinos, como os preservativos, devem ser acessíveis ao cidadão comum e gratuitos para os que não têm rendimentos. São citadas estratégias de programas que se revelaram eficazes para o programa Mechai Viravaidya na Tailândia e o programa básico em Bali. O programa de vasectomia no Bangladesh é também citado pelo seu êxito. A fraca participação masculina é parcialmente atribuída a factores como a acessibilidade financeira, a educação, a disponibilidade, a acessibilidade, a cultura, a religião e as condições económicas. A participação dos homens no planeamento familiar pode ser reforçada através de uma maior disponibilidade de clínicas e da contestação das crenças de que os métodos de planeamento familiar masculino, como a vasectomia, têm um impacto negativo na vida dos homens.

Yadav, K., Singh, B. e Goswami, K. (2010). Agreement and concordance regarding reproductive intentions and contraception between husbands and wives in rural Ballabgarh, India (Acordo e concordância sobre intenções reprodutivas e contraceção entre maridos e mulheres na zona rural de Ballabgarh, Índia). Indian Journal of Community Medicine: Official Publication of Indian Association of Preventive & Social Medicine, 35(1), 19-23. doi:10.4103/0970-0218.62548.

Este estudo transversal foi realizado para avaliar os níveis de concordância e concordância entre maridos e mulheres sobre intenções reprodutivas e contraceção. Os autores referem que, tradicionalmente, as mulheres têm sido as principais inquiridas na maioria dos inquéritos demográficos e de saúde centrados no planeamento familiar, enquanto o papel dos homens tem sido limitado. No entanto, nos últimos anos tem havido uma crescente consciencialização da importância do papel dos homens no planeamento familiar. Este estudo foi realizado entre 200 casais selecionados aleatoriamente (com idades compreendidas entre os 15 e os 44 anos) na aldeia de Dayalpur, Haryana, Índia. Os autores recolheram dados sobre as intenções reprodutivas e a contraceção, tendo sido calculado o nível de concordância entre maridos e mulheres.

Os resultados indicam uma concordância de 67,5% para o tamanho ideal da família, 84,5% para a atitude contraceptiva, 88,5% para o desejo de fertilidade, 93,5% para as necessidades não satisfeitas e 97% para o relato do número de filhos atualmente vivos. A estatística kappa ajustada variou entre um mínimo de 0,43 (P </= 0,001) (tamanho ideal da família) e um máximo de 0,96 (P </= 0,001) (número de filhos vivos), com valores kappa intermediários para atitude contraceptiva (0,7) (P </= 0,001), necessidade não atendida (0,88) (P </= 0,001) e uso atual de contraceptivos (0,93) (P </= 0,001). Em geral, houve maior concordância para os eventos de saúde reprodutiva do que para as atitudes e intenções de planeamento familiar. Uma análise mais aprofundada das respostas no estudo atual fornece provas adicionais da predominância masculina na tomada de decisões. Os autores concluíram que, em inquéritos sobre eventos de saúde reprodutiva, a resposta da esposa pode ser considerada um substituto para a resposta do casal, exceto para a avaliação das atitudes e intenções de planeamento familiar. Este estudo realça o papel dos homens no planeamento familiar e na tomada de decisões sobre contraceção. Para resolver o problema persistente da necessidade não satisfeita, é necessário aumentar o envolvimento dos homens.

Nasir, J. A., Tahir, M. H. e Zaidi, A. A. (2010). Contraceptive attitude and behavior among university men : A study from Punjab, Pakistan. Jornal da

Faculdade de Medicina de Ayub, Abbottabad: JAMC, 22(1), 125-128. PMid:21409923.

Este estudo transversal foi realizado no Paquistão. Os autores procuraram avaliar o papel, as crenças, as práticas e a participação de homens instruídos no planeamento familiar. Os autores observaram que, no Paquistão, os homens desempenham um papel importante no processo de tomada de decisões no agregado familiar, o que se torna extremamente importante quando a tomada de decisões está relacionada com o planeamento familiar, uma vez que as decisões relacionadas com o planeamento familiar incluem o tamanho desejável da família, a utilização de métodos de planeamento familiar e outras escolhas cruciais. A hipótese subjacente a este estudo era, portanto, que as atitudes dos homens em relação ao planeamento familiar e ao uso e métodos contraceptivos eram cruciais e tinham um impacto não só na intenção das suas mulheres de usar contraceção, mas também na sua escolha de um determinado método de planeamento familiar. Este estudo utilizou dados de 150 homens casados com menos de 60 anos de idade, empregados na Universidade Islâmica de Bahawalpur, que trabalhavam atualmente na universidade. Os autores utilizaram a regressão logística em conjunto com procedimentos stepwise para determinar as variáveis mais significativas que influenciam a utilização atual de contraceção pelos homens.

Os resultados do estudo revelaram que cerca de 42% dos trabalhadores casados do sexo masculino utilizavam métodos de planeamento familiar. Entre os métodos de planeamento familiar, o preservativo foi o mais utilizado (cerca de 71%), seguido dos métodos tradicionais (14%). A idade média do primeiro casamento dos inquiridos era de 23 anos e a do cônjuge de 19 anos. Além disso, os resultados do estudo revelaram que a utilização de métodos contraceptivos entre os homens que conheciam o planeamento familiar era 37 vezes superior à dos que não o conheciam. No caso dos homens cujas esposas tinham educação formal, o uso de contraceção foi 4,21 vezes maior do que o dos homens cujas esposas não tinham educação formal. Este estudo classificou o papel dos homens no planeamento familiar em duas categorias principais: (a) apoiar a decisão da parceira de utilizar métodos de planeamento familiar e (b) participar num método de planeamento familiar masculino, como o preservativo, o aborto ou a abstinência periódica.

Os autores concluíram que o apoio masculino influencia a escolha, a adoção, a continuação e a utilização correta dos métodos de planeamento familiar nas comunidades paquistanesas, onde os homens desempenham um papel importante, em comparação com as mulheres, na decisão de utilizar ou não um método de planeamento familiar. Os homens têm uma palavra a dizer em decisões como o tamanho desejado da família e a utilização de métodos de planeamento familiar. Por conseguinte, a avaliação das atitudes dos homens em relação ao planeamento familiar forneceria informações sobre o seu papel na escolha dos métodos de planeamento familiar. Embora o conhecimento dos homens sobre os métodos de planeamento familiar seja bastante universal e geral, as atitudes em relação à utilização do planeamento familiar e dos métodos contraceptivos variam consideravelmente entre os trabalhadores que têm conhecimento da contraceção e os que não têm. Para reforçar o papel dos homens, é importante investir em programas de planeamento familiar e de sensibilização para a contraceção que lhes sejam dirigidos.

Olivares, D. (1988). Serão os homens da América Latina e das Caraíbas irresponsáveis em matéria de planeamento familiar? É o casal que engravida. Fórum, X, 13.

Este estudo analisou o nível de envolvimento dos homens na América Latina e nas Caraíbas no planeamento familiar e na contraceção. O autor observou que o Diretor Executivo da Associação de Planeamento Familiar da Argentina considerava o papel dos homens na regulação da fertilidade num contexto histórico. Enquanto a regulação da fertilidade costumava envolver o coito interrompido e a utilização de preservativos, ambos métodos especificamente masculinos, a introdução do diafragma centrou a atenção no controlo da fertilidade por parte das mulheres. O feminismo popularizou a ideia de que as mulheres tinham o direito de controlar a fertilidade devido ao seu papel biológico na criação. Esta noção relegou os homens para um papel secundário nos programas de planeamento familiar. O papel central das mulheres no controlo da fertilidade foi confirmado pela introdução de métodos hormonais e DIU.

No entanto, o autor observou que atualmente está a ser dada mais atenção à promoção da responsabilidade conjunta dos casais pela fertilidade, e sugeriu que mais intervenções de educação e sensibilização deveriam ser orientadas para o reforço da responsabilidade dos homens pelas suas parceiras e pelas suas vidas sexuais. Os homens devem comprometer-se a ajudar as suas parceiras que estão menos informadas sobre o planeamento familiar. A educação sexual deve começar na primeira infância e continuar ao longo da vida, e deve basear-se no princípio de que os homens partilham com as suas parceiras a responsabilidade pelas decisões relativas à fertilidade.

Kabagenyi, A., Jennings, L., Reid, A., Nalwadda, G., Ntozi, J., & Atuyambe, L. (2014). Barreiras ao envolvimento masculino na adoção de contraceptivos e nos serviços de saúde reprodutiva: um estudo qualitativo das percepções de homens e mulheres em dois distritos rurais do Uganda. Saúde Reprodutiva, 11(1), 21. doi:10.1186/1742-4755-11-21.

Neste estudo do grupo qualitativo, os autores examinaram as percepções dos homens e das mulheres sobre as barreiras ao apoio dos homens e à adoção de contraceptivos modernos. Os autores observaram que, em países com elevadas taxas de fertilidade e necessidades não satisfeitas, os homens eram frequentemente vistos como não apoiando a utilização do planeamento familiar pelas suas parceiras. Os autores recolheram dados qualitativos de 18 grupos de discussão de homens propositadamente selecionados com idades compreendidas entre os 15 e os 54 anos e de mulheres com idades compreendidas entre os 15 e os 49 anos, bem como de oito entrevistas a informadores-chave (KIIs) com funcionários do governo e da comunidade. Os grupos focais foram realizados em 2012 nos distritos de Bugiri e Mpigi, no Uganda, utilizando guias de perguntas abertas para explorar as percepções de homens e mulheres sobre as barreiras ao envolvimento dos homens na saúde reprodutiva. Todos os FGDs e KIIs foram gravados, traduzidos e transcritos literalmente. As transcrições foram codificadas e analisadas tematicamente utilizando o ATLAS.ti.

Foram identificados cinco temas para explicar o envolvimento limitado dos homens: (a) a perceção dos efeitos secundários dos métodos contraceptivos femininos que perturbam a atividade sexual, (b) as opções limitadas de contraceptivos masculinos disponíveis e o medo e as preocupações associadas à vasectomia, (c) as crenças de que a saúde reprodutiva é um domínio feminino, (c) crenças de que a saúde reprodutiva era um domínio feminino, reforçadas por normas de género e por uma comunicação sobre planeamento familiar tradicionalmente orientada para as mulheres, (d) preferência por famílias numerosas, não inibidas por um espaçamento prolongado dos nascimentos, e (e) preocupações de que a utilização de contraceptivos pelas mulheres conduzisse a relações sexuais extraconjugais. No geral, o estudo mostrou que os participantes tinham um bom conhecimento de métodos contraceptivos eficazes, mas a falta de tempo e uma falta geral de consciência do papel específico dos homens na saúde reprodutiva também foram vistas como uma barreira ao envolvimento significativo dos homens em questões relacionadas com a regulação da fertilidade. Em conclusão, os autores referem que a tomada de decisões sobre a utilização de contraceptivos é uma responsabilidade partilhada entre homens e mulheres. É necessário desenvolver e implementar eficazmente iniciativas de envolvimento masculino no planeamento familiar, a fim de remover as barreiras ao envolvimento positivo dos homens na saúde reprodutiva, incluindo a abordagem das crenças negativas dos homens sobre os serviços contraceptivos.

Hartmann, M., Gilles, K., Shattuck, D., Kerner, B., & Guest, G. (2012). Changes in couples' communication as a result of a maleinvolvement family planning intervention. Journal of Health Communication, 17(7), 802-819. doi:10.1080/10810730.2011.650825

Este estudo qualitativo avaliou os resultados de uma intervenção teórica recente sobre o envolvimento masculino no Malawi, que sugeriu que a comunicação entre os cônjuges e o envolvimento masculino na tomada de decisões podem influenciar positivamente a utilização e a continuação do planeamento familiar. No entanto, poucos estudos existentes exploram a dinâmica da comunicação e a forma como esta está envolvida na tomada de decisões em matéria de planeamento familiar. Os autores investigaram o papel da comunicação no planeamento familiar moderno e o sucesso das intervenções contraceptivas utilizando entrevistas semi-estruturadas aprofundadas com participantes do sexo masculino e as suas parceiras. Os resultados do estudo confirmam que a comunicação é uma parte integrante de intervenções bem sucedidas para aumentar o envolvimento dos homens no planeamento familiar moderno e na contraceção.

O Projeto de Motivação Masculina do Malawi utilizou uma intervenção para aumentar a utilização do planeamento familiar e a comunicação entre casais através da educação dos pares masculinos, o único indicador significativo da utilização do planeamento familiar. Os participantes relataram uma melhoria na comunicação entre os cônjuges, um aumento na frequência da comunicação e um aumento na tomada de decisões partilhadas como resultado da intervenção do estudo, o que contribuiu diretamente para o seu planeamento familiar e utilização de contraceptivos. Este efeito foi frequentemente mediado por um maior conhecimento ou por uma menor oposição masculina ao planeamento familiar. Uma análise mais aprofundada da dinâmica da comunicação e da tomada de decisões revelou alterações nas normas de comunicação entre os sexos, o que levou a uma melhoria das relações entre os cônjuges, para além da adoção de contraceptivos. Este estudo mostra que as intervenções podem e devem incentivar a comunicação entre os cônjuges e a tomada de decisões partilhadas, e fornece um modelo eficaz para envolver os homens no planeamento familiar e na utilização de contraceptivos.

Neste estudo, os autores sublinharam que os factores determinantes e as influências da comunicação entre os cônjuges são variados e muitas vezes complexos. Na África Subsariana, os papéis e as normas de género são particularmente importantes e influenciam significativamente a comunicação entre os cônjuges e a subsequente tomada de decisões em matéria de planeamento familiar. Os autores também afirmam que, embora os métodos e serviços contraceptivos se destinem frequentemente às mulheres, os homens são muitas vezes os principais responsáveis pela tomada de decisões no que diz respeito à dimensão da família e à utilização de métodos de planeamento familiar por parte do seu parceiro. Por conseguinte, os homens devem ser um alvo prioritário das intervenções de planeamento familiar e contraceção.

Ali M , Rizwan H, Ushijima H. Men and reproductive health in rural Pakistan: the case for increased male participation. Eur J Contracept Reprod Health Care. 2004 Dec;9(4):260-6.

O estudo foi realizado no Paquistão para compreender o papel dos homens e a sua potencial contribuição para a saúde reprodutiva, em particular para o planeamento familiar. No Paquistão, o papel dos homens tem sido tradicionalmente considerado dominante no processo de tomada de decisões sobre a fertilidade das mulheres e o espaçamento dos partos. Este estudo foi realizado para explorar os conhecimentos, as percepções e o comportamento dos homens em relação a várias questões de saúde reprodutiva. Tratou-se de um estudo transversal de 180 homens adultos casados em 12 distritos rurais do Paquistão em 2000. O estudo foi qualitativo e utilizou instrumentos como entrevistas aprofundadas e entrevistas a informadores-chave.

Os resultados evidenciaram lacunas nos conhecimentos e ideias erradas entre os homens sobre uma série de questões de saúde reprodutiva e sublinham a necessidade de educação para a saúde. Os resultados sugerem que estratégias como o aconselhamento de casais, campanhas porta-a-porta por trabalhadores masculinos de planeamento familiar baseados na aldeia e reuniões de pequenos grupos podem ser eficazes. Este estudo mostra que existe uma necessidade urgente de integrar estratégias de intervenção eficazes, tanto a nível comunitário como clínico, com base num aconselhamento eficaz, na motivação e na prestação de serviços com uma educação adequada dos homens nas zonas rurais.

Os resultados sugerem que investir na promoção de práticas saudáveis de controlo da fertilidade entre os homens será eficaz num futuro próximo, uma vez que estes estão interessados em adquirir novos conhecimentos e estão prontos para se tornarem parceiros.

Yue, K., O'Donnell, C. e Sparks, P. L. (2010). The effect of spousal communication on contraceptive use in Central Terai, Nepal. Patient Education and Counseling, 81(3), 402-408. doi:10.1016/j.pec.2010.07.018.

Neste estudo, os autores utilizaram dados quantitativos de um inquérito domiciliário final (julho de 2009) e dados de discussões de grupos de discussão, do Centro de Actividades de Desenvolvimento e População (CEDPA), para analisar se a comunicação conjugal aumentou a utilização de contraceptivos entre mulheres casadas em idade reprodutiva em três distritos da região central de Terai, no Nepal: Bara, Rautahat e Sarlahi. Os locais foram escolhidos para visar grupos marginalizados - Dalits, Muçulmanos e outras etnias (por exemplo, Yadav, Dhanuk e Tharu) - e para excluir os grupos hindus que dominam estas áreas. Os autores notaram que a comunicação entre os cônjuges era frequentemente um foco central das intervenções de planeamento familiar baseadas na comunidade. Embora o acordo entre os parceiros se tenha desenvolvido através de uma discussão aberta entre os casais sobre as suas preferências e desejos em matéria de fertilidade.

As populações marginalizadas raramente são objeto de estudos sobre a comunicação conjugal e a utilização de contraceptivos, apesar de terem mais probabilidades de utilizar contraceptivos modernos.

Utilizando dados quantitativos de um inquérito domiciliário final (julho de 2009), os autores utilizaram regressões logísticas binárias para avaliar em que medida a comunicação entre os cônjuges influenciou a decisão das mulheres de utilizar métodos contraceptivos modernos (pílulas, DIU, injectáveis, implantes, esterilização e preservativos masculinos e femininos). Além disso, os debates dos grupos de discussão realizados em cada um dos três locais do projeto exploraram a experiência dos participantes com o programa, a exposição a informações sobre métodos contraceptivos, o processo de tomada de decisões para adotar o planeamento familiar, o papel do parceiro na tomada de decisões e as recomendações para a divulgação de informações corretas aos jovens casais.

Os resultados do estudo indicam que a comunicação entre os cônjuges está fortemente correlacionada com a utilização de contraceptivos, independentemente de variáveis demográficas básicas como o distrito e a casta. Os utilizadores de contraceptivos discutem mais o planeamento familiar com os seus cônjuges (94%) do que os não utilizadores (55,9%). Esta observação aplica-se a todos os distritos, todas as castas, todas as idades, todos os níveis de riqueza e todos os níveis de educação. O inverso foi observado quando se examinaram os resultados das discussões dos últimos 12 meses entre utilizadores e não utilizadores. Uma percentagem mais elevada de não utilizadoras tinha discutido o planeamento familiar nos últimos 12 meses (65,8%) do que as utilizadoras (45,9%). Em geral, as mulheres que tinham falado sobre planeamento familiar tinham muito mais probabilidades de perceber que os seus maridos aprovavam os métodos contraceptivos. Das mulheres que discutiram o planeamento familiar com os maridos, cerca de 85% consideravam que estes aprovavam os métodos contraceptivos. No caso das mulheres que não discutiram o planeamento familiar, apenas 54% achavam que o marido aprovava.

Embora os resultados não expliquem a direção causal, é evidente que a discussão conjugal e a aprovação do parceiro desempenham um papel importante na decisão de uma mulher de utilizar contraceptivos modernos na região central do Terai, no Nepal. Os resultados deste estudo sugerem que as mulheres têm mais probabilidades de sentir a aprovação do parceiro durante a comunicação conjugal e, por conseguinte, têm mais probabilidades de utilizar contraceptivos modernos. No entanto, existem variações consoante a casta e a religião. As normas culturais e o domínio masculino podem influenciar a utilização de contraceptivos. Aparentemente, os Dalits e os Muçulmanos têm mais relutância em falar sobre PF com os seus cônjuges e têm menos probabilidades de obter a aprovação dos seus maridos. Estas diferenças culturais podem explicar, em parte, o facto de a utilização ser relativamente menor entre os Dalits e os Muçulmanos. Os autores recomendam mais investigação sobre a relação entre a comunicação entre os cônjuges e a utilização de contraceptivos, em particular o papel da frequência, da qualidade e do conteúdo da comunicação entre os cônjuges, bem como das motivações individuais.

Tuloro, T., Deressa, W., Ali, A., & Davey, G. (2009). The role of men in contraceptive use and fertility preference in Hossana Town, southern Ethiopia. Ethiopian Journal of Health Development, 20(3). doi:10.4314/ejhd.v20i3.46826.

Os autores constataram que a saúde reprodutiva surgiu como um quadro organizacional que integra os homens nos programas de saúde materno-infantil (SMC). Há várias décadas que os antropólogos médicos têm vindo a realizar investigação sobre a saúde reprodutiva, a fim de explorar os efeitos dos parceiros masculinos na saúde das mulheres e das crianças. Este artigo resume uma investigação exemplar nesta área, mostrando como estudos etnográficos realizados por antropólogos médicos trouxeram novas perspectivas à crescente literatura demográfica e de saúde pública sobre homens e saúde reprodutiva. Neste estudo, os autores examinaram os direitos reprodutivos a partir de uma perspetiva antropológica, a fim de abordar a questão da igualdade versus equidade. Os autores discutem perspectivas antropológicas sobre a inclusão equitativa de homens em programas e políticas de saúde reprodutiva. Além disso, os autores exploram alguns exemplos proeminentes da relevância dos homens nas áreas da contraceção, aborto, gravidez e parto, infertilidade e lesões fetais.

Os autores realizaram um inquérito transversal de base comunitária entre dezembro de 2003 e janeiro de 2004 na cidade de Hossan, na Etiópia. Um total de 773 homens atualmente casados, com idades compreendidas entre os 20 e os 64 anos, foram incluídos no estudo. Nove *kebeles* (uma unidade administrativa local) foram selecionadas das 15 *kebeles da* cidade por amostragem aleatória simples. Foram utilizados questionários estruturados pré-testados para a recolha de dados.

Os investigadores encontraram um elevado nível de conhecimentos sobre contraceção entre os homens casados (91% dos inquiridos conheciam pelo menos um método de planeamento familiar), mas taxas de utilização relativamente baixas. Cerca de 90% dos maridos aprovam a utilização de métodos modernos de planeamento familiar e de contraceção e 66% discutiram o planeamento familiar com as suas mulheres no último ano. Mais de metade deles (54%) admitiu ter decidido em conjunto quando teriam outro filho. Além disso, 80,9% afirmaram concordar com as suas parceiras nas decisões sobre quando utilizar os contraceptivos. Os autores concluíram que os programas de planeamento familiar e de contraceção não devem centrar-se apenas nas mulheres, mas também nos homens. Os programas de informação, educação e comunicação destinados a aumentar a utilização e a reduzir as necessidades não satisfeitas devem também procurar aumentar o envolvimento masculino.

Bankole, A. e Singh, S. (1998). Couples' fertility and contraceptive decision-making in developing countries: Hearing the man's voice. International Family Planning Perspectives, 1524. doi:10.2307/2991915.

Os autores afirmaram que a investigação, as políticas e os programas tradicionais de planeamento familiar nos países em desenvolvimento prestavam pouca atenção ao papel dos homens na tomada de decisões em matéria de saúde reprodutiva. Até recentemente, a investigação sobre a fertilidade e o planeamento familiar nos países em desenvolvimento, bem como a formulação de políticas e programas, baseavam-se principalmente em dados recolhidos junto das mulheres. No entanto, está a ser dada cada vez mais atenção à inclusão dos homens ( ). Segundo os autores, embora as mulheres tenham filhos e a maioria dos contraceptivos modernos sejam métodos femininos, a educação dos filhos também tem um impacto na vida dos homens. A exclusão dos homens das intervenções de planeamento familiar pode afetar o tamanho da família que preferem e as suas atitudes em relação à utilização de contraceptivos. De acordo com os autores, os parceiros masculinos desempenham um papel importante na tomada de decisões sobre a utilização de contraceptivos, o calendário e o número de filhos. Por exemplo, em alguns países ou em certos grupos sociais, o parceiro masculino tem mais influência do que a mulher quando se trata de planeamento familiar. No Gana, a atitude da mulher em relação à contraceção é fortemente influenciada pelas atitudes do marido e pelas caraterísticas do seu ambiente, nomeadamente a educação, mas a opinião do marido não é influenciada da mesma forma pela da mulher.

Bankole e Singh (1998) utilizaram dados quantitativos do programa Demographic and Health Survey (DHS) recolhidos entre 1990 e 1996 em 18 países em desenvolvimento (13 na África Subsariana, dois no Norte de África e na Ásia e um na América Latina). Os autores compararam as atitudes dos maridos e das mulheres em relação à fertilidade e à contraceção e o seu efeito no comportamento contracetivo utilizando análises de regressão logística.

Os resultados revelaram que os homens e as mulheres dos países inquiridos no âmbito do Inquérito Demográfico e de Saúde desejam famílias bastante numerosas. No entanto, os maridos tendem a querer mais filhos do que as suas mulheres e a querer o próximo filho mais cedo. A proporção de casais em que a dimensão ideal da família difere em dois ou mais filhos varia entre 30% (no Bangladesh) e 72% (no Níger). Na maior parte dos casais, ambos os cônjuges queriam ter mais filhos, ou ambos não queriam ter nenhum, mas em 10 a 26% dos casos os seus desejos eram diferentes. A utilização de métodos modernos era baixa na maioria dos países, mas os maridos eram mais propensos do que as suas mulheres a declarar essa utilização. A combinação das intenções de fecundidade de cada cônjuge numa análise de casal, controlando simultaneamente as suas caraterísticas demográficas, previu significativamente a utilização de métodos modernos em nove dos 14 países para os quais existiam dados disponíveis. Em seis desses países, a preferência de fertilidade da mulher teve um impacto maior do que a do marido.

Os resultados do inquérito indicam também que uma percentagem significativa de homens casados conhece pelo menos um método de planeamento familiar, mas em alguns países apenas uma pequena percentagem dos que conhecem um método pratica a contraceção. O conhecimento dos métodos modernos de planeamento familiar é geralmente elevado tanto entre os maridos como entre as mulheres, mas existem variações significativas entre os países. A proporção de maridos que conhecem pelo menos um método moderno varia entre 57% no Burkina Faso e 100% no Brasil. Além disso, o estudo mostrou que o conhecimento dos métodos modernos é menor entre os maridos na África Ocidental do que noutros países. Os autores concluem que os cônjuges podem ter objectivos reprodutivos díspares, mas que são necessários dados de ambos os parceiros para verificar estas diferenças. As intervenções e a investigação em programas de fertilidade e planeamento familiar devem continuar a centrar-se nas atitudes e comportamentos dos homens.

Shahjahan, M., Mumu, S. J., Afroz, A., Chowdhury, H. A., Kabir, R., & Ahmed, K. (2013). Determinantes da participação dos homens nos serviços de saúde reprodutiva: um estudo transversal. Saúde Reprodutiva, 10(1), 27. doi:10.1186/1742-4755-10-27.

Neste estudo transversal, Shahjahan et al. investigaram o papel dos homens em questões selecionadas de saúde reprodutiva, caracterizando o seu envolvimento, bem como os factores que influenciam a sua participação nos serviços de saúde reprodutiva. De acordo com os autores, embora o Programa de Ação da CIPD tenha estabelecido uma nova agenda clara quando apelou a um compromisso no sentido de uma maior participação nos serviços de saúde reprodutiva, os ambientes políticos em muitos países, incluindo o Bangladesh, apoiam esta iniciativa. Os cuidados de saúde reprodutiva continuam a centrar-se principalmente nas mulheres. No entanto, os autores observaram que numerosos estudos, conferências, projectos de investigação e debates sobre o assunto atestam a importância desta questão, tanto do ponto de vista programático como em termos de alcançar um equilíbrio entre os direitos e as responsabilidades reprodutivas dos homens e das mulheres.

Há muitas razões para o recente enfoque no envolvimento dos homens em questões de saúde reprodutiva ( ), incluindo as suas próprias preocupações com a saúde reprodutiva, e o envolvimento dos homens não deve ser visto apenas como um meio de melhorar os cuidados de saúde reprodutiva para as mulheres. O bem-estar e os comportamentos sexuais e reprodutivos dos homens afectam diretamente as suas parceiras, e as decisões sobre cuidados de saúde reprodutiva são tomadas em relações que envolvem tanto homens como mulheres.

Este estudo transversal envolveu homens que visitaram ONGs selecionadas em bairros de lata urbanos e zonas rurais do Bangladesh. A base de amostragem era constituída por homens casados que frequentavam uma clínica nocturna. A dimensão da amostra foi determinada por amostragem por conglomerados. O estudo incluiu 615 homens com idades compreendidas entre os 25 e os 45 anos. Foi efectuada uma análise bivariada utilizando o envolvimento masculino como variável dependente com diversas variáveis independentes. A análise de regressão logística foi utilizada para avaliar os efeitos dos factores de risco no envolvimento dos homens nos serviços de saúde reprodutiva.

Os resultados mostraram que cerca de dois terços dos inquiridos discutiam questões de saúde reprodutiva com as suas mulheres e acompanhavam-nas aos centros de saúde. A taxa de utilização de contraceptivos era então de 63% entre os homens que frequentavam as clínicas nocturnas. Os resultados da análise bivariada revelaram uma associação significativa com a educação, a profissão, o rendimento, o acesso aos meios de comunicação social e o número de filhos vivos. Os resultados da análise de regressão logística mostraram que a educação secundária ou superior, o número de filhos vivos, a atividade profissional remunerada, a longa duração do casamento e o acesso aos meios de comunicação social eram correlações significativas do envolvimento dos homens nos serviços de saúde reprodutiva. Os autores concluíram que uma maior integração das questões de saúde reprodutiva nos Objectivos de Desenvolvimento do Milénio e a melhoria da perceção dos homens através do seu registo em várias componentes das actividades reprodutivas produzirão efeitos sinérgicos no reforço do envolvimento dos homens no planeamento familiar e no uso de contraceptivos.

Petro-Nustas, W. e Al-Qutob, R. D. (2002). Jordanian men's attitudes and views of birth-spacing and contraceptive use (a qualitative approach). Health Care for Women International, 23(6-7), 516-529. doi:10.1080/07399330290102246.

Petro e Al-Qutob (2002) realizaram este estudo qualitativo para compreender melhor as opiniões e percepções dos homens jordanos sobre espaçamento de nascimentos/planeamento familiar e para identificar as suas atitudes e práticas em relação aos contraceptivos. Foram realizados seis grupos de discussão durante um período de três meses, com início em abril de 1996, sendo cada grupo constituído por seis a dez homens. A amostra era constituída por homens jordanos residentes em Amã. A educação, a classe social e o estado civil foram utilizados para estratificar a seleção dos homens nos grupos. As discussões foram moderadas por um psicólogo social do mesmo sexo. Com o consentimento dos inquiridos, os dados recolhidos nos grupos de discussão foram gravados, transcritos e analisados criticamente através da análise de conteúdo.

Os investigadores verificaram que todos os homens concordavam com a ligação entre o conceito de espaçamento de partos/planeamento familiar e o conceito de melhoria da saúde materna e infantil. No entanto, a utilização efectiva de contraceptivos é influenciada por crenças religiosas e culturais, em particular a do *RIZK* (ou fortuna) que vem com o parto. Além disso, existe uma falta de conhecimentos sobre os métodos contraceptivos modernos e os seus efeitos secundários. Foram também observadas atitudes desfavoráveis à utilização de contraceptivos masculinos por parte de alguns homens. A maioria dos homens do estudo indicou que havia comunicação entre os cônjuges sobre questões de planeamento familiar, mas que a decisão final era deixada apenas ao marido (o chefe da família) na maioria dos casos. O desejo de ter mais filhos homens e a resistência dos homens ao uso do preservativo foram alguns dos problemas mais comuns revelados pelo estudo. O artigo conclui recomendando que seja dada especial atenção aos homens na prestação de serviços de planeamento familiar.

Kaida, A., Kipp, W., Hessel, P., & Konde-Lule, J. (2005). Male participation in family planning: Results of a qualitative study in Mpigi District, Uganda. Journal of Biosocial Science, 37(03), 269-286. doi:10.1017/S0021932004007035.

Neste estudo, os autores investigaram as percepções dos homens sobre o planeamento familiar e a forma como participam ou desejam participar em actividades de planeamento familiar no distrito de Mpigi, no centro do Uganda. Foram realizados quatro grupos de discussão com homens casados e prestadores de serviços de planeamento familiar dos sectores público e privado. Além disso, foram entrevistados sete informadores-chave utilizando um guia de entrevista semi-estruturado. Os resultados indicam que os homens têm conhecimentos limitados sobre planeamento familiar, que os serviços de planeamento familiar não satisfazem adequadamente as necessidades dos homens e que a comunicação entre os cônjuges sobre questões de planeamento familiar é geralmente fraca. No entanto, quase todos os homens aprovam o planeamento familiar moderno e manifestam grande interesse em participar no mesmo.

Kaida et al. observou que os primeiros programas de planeamento familiar não reconheciam a necessidade de se concentrarem na mudança das crenças e atitudes dos homens para melhor, uma vez que os serviços disponíveis na altura se centravam nas mulheres. Tradicionalmente, os programas de planeamento familiar têm sido dirigidos às mulheres, uma vez que são elas que engravidam e enfrentam os riscos de saúde associados à gravidez e ao parto, sendo por isso as mais motivadas para evitar gravidezes indesejadas. Embora os homens tenham conhecimentos limitados sobre planeamento familiar, querem participar nas discussões sobre planeamento familiar e na partilha de informações. Isto é algo surpreendente e contradiz a ideia geral de que os homens não estão interessados em questões de planeamento familiar. Os resultados deste estudo indicam que os homens querem estar envolvidos no planeamento familiar, mas não têm os conhecimentos necessários para conduzir discussões competentes com as suas esposas. O estudo também concluiu que os serviços de planeamento familiar não estavam a chegar a um número suficiente de homens e que o pessoal de planeamento familiar ainda considerava o planeamento familiar como uma questão feminina. Os autores sugeriram que era necessária uma abordagem ao planeamento familiar mais centrada no casal e que o âmbito dos programas de planeamento familiar deveria ser alargado para incluir mensagens de planeamento familiar dirigidas aos homens. Isto atrairia os homens como clientes (bem como as suas mulheres), tornando os serviços de planeamento familiar e os programas de aconselhamento mais centrados no casal. Estas medidas poderiam, em última análise, aumentar a utilização de contraceptivos.

Ali M, Bhatti AM, Ushijima H. Necessidades de saúde reprodutiva dos adolescentes do sexo masculino nas zonas rurais do Paquistão: um estudo exploratório.

Tohoku J Exp Med. 2004 Sep;204(1):17-25.

Este é um dos primeiros estudos a explorar as necessidades de saúde reprodutiva dos adolescentes do sexo masculino no Paquistão. O objetivo deste estudo exploratório era obter informação qualitativa sobre os conhecimentos e percepções existentes acerca da puberdade e das necessidades em matéria de saúde reprodutiva e identificar canais de comunicação eficazes para transmitir educação sobre saúde reprodutiva a adolescentes do sexo masculino. Setenta e oito adolescentes solteiros participaram no inquérito, realizado através de entrevistas aprofundadas utilizando um questionário semi-estruturado e uma amostragem intencional, em oito distritos rurais do Paquistão. O estudo revelou concepções erradas e lacunas nos conhecimentos sobre a puberdade e a saúde reprodutiva. Estes jovens também tinham poucos conhecimentos sobre a dinâmica das doenças sexualmente transmissíveis. A comunicação entre os pais ou os irmãos sobre estas questões foi considerada deficiente e os jovens obtêm informações principalmente através dos amigos e depois dos meios de comunicação social. A maioria mostrou interesse em obter informação de qualidade. Podem ser utilizados vários pontos de entrada e contextos para melhorar o acesso à informação e aos serviços. Os adolescentes que frequentam a escola podem ser contactados eficazmente pelos professores e pelos grupos de pares. Os adolescentes fora da escola podem ser contactados através dos meios de comunicação social e dos prestadores de cuidados de saúde locais. Os resultados indicam que há uma necessidade urgente de educação para a saúde reprodutiva para adolescentes do sexo masculino e que as sugestões deste estudo podem ser utilizadas aquando da criação de qualquer serviço de educação para a saúde reprodutiva para adolescentes do sexo masculino nas zonas rurais do Paquistão. O futuro

Por conseguinte, os esforços devem centrar-se em garantir que todos os adolescentes tenham acesso a uma educação para a saúde reprodutiva abrangente, de elevada qualidade e atempada, e em reduzir as lacunas de acesso relacionadas com o género e a frequência escolar.

Mosha, I., Ruben, R. e Kakoko, D. (2013). Decisões de planeamento familiar, percepções e dinâmicas de género entre casais em Mwanza, Tanzânia: Um estudo qualitativo. BMC Public Health, 13(1), 523. doi:10.1186/1471-2458-13-523.

Os autores deste estudo qualitativo exploraram as decisões de planeamento familiar, as percepções e as dinâmicas de género entre casais da região de Mwanza, na Tanzânia. Foram utilizados doze grupos de discussão e seis entrevistas aprofundadas para recolher informações de homens e mulheres casados e em união de facto, com idades compreendidas entre os 18 e os 49 anos. Os participantes foram selecionados propositadamente. Foram utilizados métodos qualitativos para explorar as decisões de planeamento familiar, as percepções e as dinâmicas de género dos casais. Os autores recolheram dados utilizando um guia com questões relacionadas com as percepções, decisões e dinâmicas de género no que diz respeito ao planeamento familiar. As discussões e entrevistas foram gravadas, transcritas literalmente e analisadas manualmente, sendo depois submetidas a uma análise de conteúdo.

No decurso do estudo, surgiram quatro temas. O primeiro diz respeito aos "riscos e custos" dos efeitos secundários dos métodos de planeamento familiar, ao tratamento dos efeitos secundários e aos custos inerentes à rotulagem de parceiro infiel. O segundo tema foi o "envolvimento masculino", uma vez que os homens mostraram pouco interesse em participar no planeamento familiar. No entanto, esses mesmos homens foram mencionados como decisores-chave, mesmo quando se tratava do número de filhos que um casal deveria ter e do espaçamento entre esses filhos. O terceiro tema foi "relações de género e comunicação", uma vez que os participantes indicaram que poucas mulheres estavam envolvidas na tomada de decisões sobre o planeamento familiar e o tamanho da família. O quarto tema foi "diferenças urbano-rurais", com os habitantes das zonas rurais ligados a uma preferência por famílias numerosas em relação aos habitantes das zonas urbanas.

Os investigadores descobriram que os participantes no estudo tinham percepções diferentes dos métodos de planeamento familiar. O medo dos efeitos secundários foi considerado como o principal obstáculo à utilização de métodos de planeamento familiar. Alguns participantes, particularmente os homens, associaram a utilização de contraceptivos à infidelidade ou promiscuidade. No entanto, a dinâmica entre homens e mulheres mudou em Mwanza. Os participantes no estudo disseram que as mulheres estavam cada vez mais envolvidas na tomada de decisões sobre questões domésticas, incluindo o tamanho da família e a utilização de contraceptivos. Os programas de planeamento familiar devem, portanto, incentivar a comunicação e a tomada de decisões conjuntas entre os casais. Os futuros programas de planeamento familiar devem abordar as normas sociais subjacentes que conduzem à desigualdade de género e à falta de tomada de decisão conjunta. Mosha et al. concluíram que, embora o planeamento familiar e os métodos e serviços contraceptivos sejam frequentemente centrados nas mulheres, os homens são muitas vezes os principais responsáveis pela tomada de decisões no que diz respeito à dimensão da família e à utilização de métodos de planeamento familiar pela sua parceira.

Saha, K. B., Singh, N., Chatterjee Saha, U. e Roy, J. (2007). Male involvement in reproductive health among scheduled tribe: Experience from Khairwars of central India (Envolvimento masculino na saúde reprodutiva entre as tribos catalogadas: Experiência de Khairwars da Índia central). Rural Remote Health, 7(2), 605. PMid:17511523.

Neste estudo, Saha, Singh, Chatterjee Saha e Roy (2007) procuraram compreender o envolvimento de homens de tribos programadas na saúde reprodutiva, bem como as barreiras a esse envolvimento, utilizando dados da tribo Khairwar da Índia central. De acordo com os autores, a falta de envolvimento dos homens das tribos indianas na saúde reprodutiva não só é prejudicial para a sua própria saúde, como também contribui para a má saúde reprodutiva das suas parceiras e filhos. Na Índia, o envolvimento dos homens nestas questões é um conceito novo. Existem poucos dados, nomeadamente sobre os conhecimentos dos membros das tribos catalogadas e a extensão do seu envolvimento na saúde reprodutiva. Os autores realizaram um inquérito porta-a-porta sobre conhecimentos, atitudes e práticas em aspectos selecionados da saúde reprodutiva, utilizando um programa de entrevistas pré-definido, entre homens Khairwar atualmente casados, com idades compreendidas entre os 15 e os 40 anos, no distrito de Sidhi, Madhya Pradesh, Índia.

Os resultados do estudo mostram que cerca de 59% dos homens conheciam o planeamento familiar, mas apenas 13% utilizavam um método (principalmente a esterilização feminina) no momento do inquérito. A sua visão do número ideal de filhos (3,56) era mais elevada do que o número real de crianças nascidas e vivas. A elevada mortalidade infantil e infantojuvenil influenciou a sua preferência por uma maior fertilidade. Muito poucas delas (29%) tinham conhecimentos sobre cuidados pré-natais. Expressaram conhecimentos erróneos, mitos e atitudes incómodas em relação à saúde sexual. Além disso, o duplo papel dos preservativos, como método de planeamento familiar e como medida de proteção contra doenças sexualmente transmissíveis, também era desconhecido dos participantes masculinos recrutados para este estudo. Estes homens das Tribos Registadas careciam de conhecimentos e informação sobre questões de saúde sexual masculina, desigualdade de género na sociedade indiana e falta de serviços de saúde reprodutiva orientados para os homens, o que contribuiu para uma participação masculina mínima em programas de planeamento familiar e contraceptivos.

Marchi, N. M., De Alvarenga, A. T., Osis, M. J. D., & Bahamondes, L. (2008). Métodos contraceptivos com envolvimento masculino: Uma perspetiva de casais brasileiros. International Nursing Review, 55(1), 103-109. doi:10.1111/j.1466- 7657.2007.00572.x.

Este estudo analisou o envolvimento dos homens no planeamento familiar e a utilização de métodos contraceptivos modernos. Marchi, De Alvarengo, Otis e Bahamondes (2008) avaliaram as perspectivas de casais que solicitaram vasectomia num serviço público de saúde sobre a utilização do envolvimento masculino em métodos contraceptivos. Os métodos disponíveis no Brasil incluíam o preservativo masculino, o planeamento familiar natural/calendário, o coito interrompido e a vasectomia. Neste estudo qualitativo, os autores coletaram dados através de entrevistas semi-estruturadas com 20 casais que solicitaram vasectomia no Serviço de Reprodução Humana da Universidade Estadual de Campinas, Brasil. Os dados foram analisados por meio de análise de conteúdo temática.

Os resultados do estudo mostraram que os casais, de um modo geral, não tinham conhecimento de quaisquer opções contraceptivas eficazes, para além da vasectomia, que fossem utilizadas exclusivamente por homens ou nas quais os homens participassem. Os poucos métodos masculinos de que tinham conhecimento eram considerados como interferindo na espontaneidade e no prazer da relação sexual. Os homens aceitaram que o uso de preservativos em relações extraconjugais lhes oferecia proteção contra doenças sexualmente transmissíveis; o facto de as suas mulheres poderem também participar em relações extraconjugais não foi tido em conta. Os autores observaram que o facto de haver menos opções contraceptivas para o envolvimento masculino dificultava a partilha de responsabilidades entre homens e mulheres. Devido à perceção das diferenças entre os papéis dos dois sexos, as mulheres assumiram a responsabilidade pela contraceção até que a situação se tornou insustentável, quando o casal se viu confrontado com a inevitável necessidade de esterilização. Em conclusão, Marchi et al. recomendam que sejam tomadas medidas específicas para garantir que os homens participem equitativamente na saúde sexual e reprodutiva. Estas medidas incluem a educação e o debate sobre os papéis de género, que levam a uma maior sensibilização dos homens para as realidades da saúde sexual e reprodutiva.

Kamal, N. (2000). The influence of husbands on contraceptive use by Bangladeshi women (A influência dos maridos na utilização de contraceptivos pelas mulheres do Bangladesh). Health Policy and Planning, 15(1), 43-51. doi:10.1093/heapol/15.1.43.

O autor utilizou o Inquérito Demográfico e de Saúde do Bangladesh de 1993-94 para avaliar as percepções das mulheres sobre a aprovação do planeamento familiar por parte dos seus maridos e a forma como esta aprovação pode afetar a sua utilização atual e futura de contraceção moderna, tendo em conta determinados factores socioeconómicos e demográficos. Embora a maioria dos maridos fosse a favor do planeamento familiar, a utilização de contraceptivos entre as mulheres cujos maridos não o aprovavam era muito inferior. No entanto, em algumas regiões do Bangladesh, a desaprovação do planeamento familiar por parte dos maridos continua a ser um grande obstáculo ao controlo da fertilidade por parte das mulheres. O autor observou que, nas três categorias de utilização de contraceptivos modernos examinadas neste estudo, a aprovação do planeamento familiar pelo marido levou a um aumento da utilização de todos os métodos pelas mulheres. O Bangladesh é uma sociedade tradicional em que se espera que as mulheres se deixem guiar pela opinião do marido em todos os domínios da vida. O mesmo acontece noutras sociedades em que os papéis tradicionais das mulheres significam que têm pouca influência em questões sexuais e que não têm estatuto para influenciar o comportamento dos seus parceiros. Kamal conclui que, dado que a aprovação do marido parece ser um fator determinante da utilização de contraceptivos em países em desenvolvimento semelhantes da região, podem ser necessárias intervenções mais eficazes dirigidas aos homens para manter o êxito do programa de planeamento familiar no futuro.

Ha, B. T., Jayasuriya, R. e Owen, N. (2003). Male involvement in family planning in rural Vietnam: An application of the transtheoretical model. Health Education Research, 18(2), 171180. doi:10.1093/her/18.2.171.

Os autores referem que o Vietname lançou o seu primeiro programa de planeamento populacional e familiar em 1963 e atingiu uma elevada taxa de prevalência de contraceptivos de 73%. No entanto, cerca de um quarto dos casais deste estudo utilizavam métodos tradicionais pouco fiáveis, como a abstinência periódica ou a retirada, apesar de estarem disponíveis muitos tipos de contraceptivos modernos. Os autores utilizaram um modelo transteórico de mudança de comportamento para examinar o envolvimento dos homens na contraceção e a utilização de dispositivos intra-uterinos (DIU) pelas suas mulheres. Três objectivos orientaram este estudo, nomeadamente (a) testar a capacidade do MTT para identificar a vontade dos homens de aceitarem um método contracetivo moderno, partindo do pressuposto de que a vontade do marido contribuirá para a utilização de contraceptivos pela mulher. (b) testar se dois conceitos fundamentais do MTT, o equilíbrio decisional e a auto-eficácia, são sensíveis a diferenças na fase da disposição do marido para apoiar/incentivar a sua mulher a utilizar métodos contraceptivos, e (c) testar se as medidas específicas do comportamento (ou seja, a utilização de um tipo específico de contraceção, neste caso o DIU) são mais sensíveis a diferenças na fase da disposição do homem do que as medidas de utilização geral de contraceptivos.

O estudo foi realizado nas zonas rurais do Vietname com 201 participantes elegíveis. Os investigadores visitaram cada agregado familiar nas aldeias selecionadas e procuraram todos os homens casados com idades compreendidas entre os 19 e os 45 anos que tivessem vivido com as suas mulheres na mesma casa nos três meses anteriores. Os critérios de inclusão foram os seguintes: as suas mulheres não estavam grávidas, o casal não planeava ter um filho nos próximos 6 meses, não usavam sistematicamente preservativos para planeamento familiar e as suas mulheres não usavam a pílula contraceptiva. O algoritmo de estadiamento determinou que 25,8% dos homens se encontravam na fase de pré-contemplação, 10,5% na fase de contemplação/preparação e 63,7% na fase de ação/manutenção. As desvantagens da utilização do DIU para os homens na fase de pré-contemplação eram significativamente mais elevadas do que para os que se encontravam na fase de ação/manutenção, ao passo que o inverso se verificava para a auto-eficácia em convencer as suas mulheres a utilizar um DIU.

Em conclusão, os autores afirmam que a aceitação do planeamento familiar é provavelmente mais eficaz para as mulheres quando os homens estão ativamente envolvidos. Vários estudos demonstraram que fornecer informações aos homens e envolvê-los em sessões de aconselhamento pode ajudá-los a apoiar mais a utilização de contraceptivos e a estar mais conscientes do conceito de tomada de decisão partilhada. As intervenções que visam a fase de mudança, procuram reduzir as objecções e aumentam a auto-eficácia podem influenciar a participação dos homens na adoção do DIU pelas suas mulheres. Embora este estudo se tenha centrado na prontidão dos homens e nas suas percepções de mudança, partiu ainda do princípio de que uma abordagem ideal ao planeamento familiar envolvia a tomada de decisões conjunta.

Ali M, Ushijima H. Men's perceptions of the role of religious leaders in reproductive health issues in rural Pakistan (Percepções dos homens sobre o papel dos líderes religiosos em questões de saúde reprodutiva no Paquistão rural). J Biosoc Sci. 2005 Jan;37(1):115-22.

A religião ocupa um lugar único na vida das pessoas e tem sido citada como um fator importante na saúde reprodutiva. O Paquistão é predominantemente muçulmano e o carácter do país é fortemente influenciado pelo Islão. Nas zonas rurais, onde reside a maioria da população, os líderes religiosos são vistos como formadores de opinião. As percepções dos homens adultos sobre a influência do "fator religioso" na sua utilização de métodos contraceptivos modernos e as suas opiniões sobre o papel dos líderes religiosos na educação comunitária foram estudadas num inquérito transversal realizado em doze distritos rurais do Paquistão em 2000. Uma amostra de 180 homens adultos casados participou no estudo através de amostragem consecutiva. O estudo foi qualitativo e utilizou instrumentos como entrevistas em profundidade e entrevistas com informadores-chave. A maioria dos homens entrevistados considerava que os líderes religiosos se opunham ao controlo da fertilidade, e 29% citaram a religião como razão para não utilizarem contraceptivos modernos. Os inquiridos também sugeriram que o envolvimento dos líderes religiosos nos programas de saúde reprodutiva é essencial para a eficácia dos programas nas zonas rurais. Acreditam que os líderes religiosos podem dar um contributo positivo para educar a comunidade e sugerir formas de a educar sobre questões de saúde reprodutiva. Também sugeriram várias formas de abordar os líderes religiosos para os persuadir a cooperar nos programas de saúde reprodutiva. O estudo conclui que o envolvimento dos líderes religiosos nas zonas rurais poderia permitir que os programas e serviços de saúde reprodutiva chegassem aos grupos mais conservadores da sociedade e, assim, contribuir eficazmente para provocar uma mudança positiva nas atitudes da sociedade paquistanesa relativamente à saúde reprodutiva.

Okwor, E. U. e Olaseha, I. O. (2009). A perceção dos homens casados sobre o uso de contraceptivos modernos pela esposa: um estudo qualitativo na área governamental local noroeste de Ibadan, sudoeste da Nigéria. International Quarterly of Community Health Education, 30(3), 223-238. doi:10.2190/IQ.30.3.d.

Neste estudo qualitativo, os autores avaliaram as percepções dos homens casados sobre a utilização de contraceptivos modernos pelas suas mulheres. Os dados foram recolhidos em nove grupos de discussão com homens casados que deram o seu consentimento. De acordo com os resultados do estudo, alguns participantes consideram que os contraceptivos modernos são uma boa forma de limitar o tamanho da família de um casal. No entanto, a maioria opôs-se à ideia de uma mulher tomar ela própria a iniciativa de utilizar o planeamento familiar ou de iniciar discussões sobre planeamento familiar. A maioria argumentou que permitir que uma mulher utilize contraceptivos modernos abre a porta à infidelidade por parte da mulher. Quase todas as pessoas que participaram nos debates afirmaram que é um sinal de desrespeito o facto de uma mulher utilizar contraceptivos modernos sem o consentimento do marido. Muitos acreditam que o amor, a tomada de decisões em conjunto, a sinceridade e a confiança entre os casais podem ajudar a reduzir a desconfiança e os receios relativamente à utilização de métodos contraceptivos modernos.

Addis A., Tilahun B., Asefa G., Alganesh H., & Woldegebriel G. (2015). Avaliando o papel dos homens no uso do planejamento familiar na cidade de Edaga-Hamuse, Tigray, norte da Etiópia.
American Journal of Nursing Science, 4(4), 174-181. doi : 10.11648/j.ajns.20150404.15.

Neste estudo, os autores avaliaram o envolvimento dos homens no uso do planeamento familiar na cidade de Edaga-Hamuse, Tigray, norte da Etiópia, usando um desenho de estudo transversal analítico de base comunitária que durou de 27 de agosto de 2014 a 15 de setembro de 2014. Foi incluída uma amostra de casais de famílias selecionadas disponíveis durante o período do estudo. Os dados foram recolhidos através de questionários auto-administrados pré-testados e analisados com recurso ao SPSS versão 16.0 para análise final e valores de P. Os resultados do estudo indicam que mais de 99% da amostra tinha ouvido falar de métodos modernos de planeamento familiar. O método moderno de planeamento familiar mais frequentemente mencionado (n=114 ou 38,8%) foi a pílula, seguido dos injectáveis (n=91 ou 30,9%). A taxa de utilização atual de contraceptivos era significativamente mais elevada entre as mulheres que tinham tido entre três e quatro nados-vivos ou entre um e três filhos vivos (34,3%; n=101 e 25,5%; n=75, respetivamente). Os resultados mostram que mais de metade dos indivíduos (60,7%; n=176) eram casados entre os 21 e os 28 anos de idade. Mais de metade das mulheres (59%; n=170) tinha tido uma gravidez que terminou em aborto (resultados obtidos através da pergunta ao marido sobre a experiência da mulher).

Os autores verificaram que a maioria dos indivíduos nunca tinha participado em discussões sobre PF com as suas esposas, o que pode ser atribuído às percepções negativas que elas têm. As barreiras culturais por si só, sem qualquer outra influência externa, podem ter impedido os homens de se envolverem no programa de PF. Addis et al. argumentam que o planeamento familiar é um elemento-chave para abrandar o crescimento insustentável da população e os consequentes impactos negativos na economia, no ambiente e nos esforços de desenvolvimento nacional e regional. Embora nos países de baixa e média renda, os homens sejam considerados responsáveis por uma grande parte dos problemas de saúde reprodutiva sofridos pelas suas parceiras, o seu envolvimento no planeamento familiar no estudo raramente era conhecido. Os autores observaram que o envolvimento dos homens favorecia não só a decisão de aceitar um contracetivo, mas também a sua utilização e manutenção eficazes. Os homens como defensores da utilização de contraceptivos, as discussões sobre planeamento familiar, a aprovação percebida pelos maridos e a educação das mulheres são determinantes positivos da utilização do planeamento familiar pelas mulheres.

Hartmann M., Gilles K., Shattuck D., Kerner B., Guest G. (2012). Mudanças na comunicação do casal como resultado de um envolvimento masculino na intervenção de planeamento familiar. Journal of Health Comunicação, 17(7): 802-819. doi:10.1080/10810730.2011.650825

Os autores notaram que a comunicação entre os cônjuges e o envolvimento dos homens na tomada de decisões pode ter uma influência positiva na utilização e manutenção do planeamento familiar em casais casados. No entanto, poucos estudos existentes exploram a dinâmica desta comunicação e a forma como esta desempenha um papel na tomada de decisões em matéria de planeamento familiar. Com base numa avaliação recente de uma intervenção de envolvimento masculino baseada na teoria no Malawi, este estudo teve como objetivo preencher esta lacuna, examinando o papel da comunicação no sucesso da intervenção, através de entrevistas semi-estruturadas aprofundadas com participantes masculinos e parceiras femininas dos participantes do estudo. Os resultados do estudo apoiam a ideia de que a comunicação é uma parte integrante de intervenções bem sucedidas destinadas a aumentar o envolvimento dos homens no planeamento familiar.

Os participantes relataram que as intervenções do estudo destinadas a melhorar a comunicação entre os cônjuges, aumentando a frequência da comunicação e reforçando a tomada de decisões partilhada, contribuíram diretamente para a sua utilização do planeamento familiar. Este efeito foi muitas vezes mediado pela melhoria dos conhecimentos ou pela redução da oposição masculina ao planeamento familiar. Uma análise mais aprofundada da dinâmica da comunicação e da tomada de decisões revelou alterações nas normas de comunicação entre os sexos, o que levou a uma melhoria das relações entre os cônjuges, para além da adoção de contraceptivos. Este estudo mostra que as intervenções podem e devem incentivar a comunicação entre os cônjuges e a tomada de decisões partilhada, e fornece um modelo eficaz para envolver os homens na utilização do planeamento familiar.

Onyango, M. A., Owoko, S. e Oguttu, M. (2010). Factores que influenciam o envolvimento dos homens na saúde sexual e reprodutiva na região ocidental do Quénia: um estudo qualitativo: artigo de investigação original. Revista Africana de Saúde Reprodutiva, 14(4), 33-43.

Este estudo explorou os factores que influenciam o envolvimento dos homens na saúde reprodutiva na região ocidental do Quénia. Os autores investigaram as melhores estratégias para envolver os homens em programas de saúde reprodutiva em unidades geridas por um grupo de prestadores de cuidados de saúde na Rede de Cuidados Pós-Aborto (PACNET) na região ocidental do Quénia. Onyango et al. utilizaram uma conceção de estudo qualitativo para recolher dados através de entrevistas aprofundadas e grupos de discussão em três províncias da região ocidental do Quénia. Foram efectuadas doze entrevistas aprofundadas e oito discussões em grupos de discussão. Cinco participantes nas entrevistas aprofundadas eram mulheres e sete eram homens. Quatro das discussões de grupo de foco tinham apenas participantes do sexo masculino e quatro apenas do sexo feminino. Os resultados do estudo destacaram dois factores principais que influenciam o envolvimento dos homens na saúde reprodutiva, nomeadamente as normas de género e as abordagens tradicionais utilizadas para implementar programas de saúde reprodutiva e planeamento familiar.

Por exemplo, a existência de papéis de género culturalmente definidos e de manifestações de masculinidade implica violência contra as mulheres e comportamentos sexuais de alto risco no local em países de baixa e média renda, afectando as decisões sobre a utilização de métodos contraceptivos modernos.

Na maioria das comunidades africanas, os homens continuam a desempenhar um papel dominante nas questões de saúde reprodutiva, nas decisões sobre a iniciação sexual, na utilização de contraceptivos e na decisão de abortar ou não. Os programas tradicionais de saúde reprodutiva centram-se quase exclusivamente nas mulheres. Os serviços de saúde reprodutiva são geralmente prestados em clínicas que oferecem serviços limitados aos homens e são frequentadas principalmente por mulheres. Os programas de planeamento familiar, de prevenção da gravidez não desejada e do aborto inseguro e de promoção da maternidade segura consideram as mulheres como as suas principais clientes. Os autores recomendam que qualquer estratégia destinada a envolver os homens na saúde reprodutiva deve ter em conta estes dois factores. As abordagens tradicionais de implementação da saúde reprodutiva precisam de ser revistas para se tornarem mais favoráveis aos homens.

Okigbo CC, Speizer IS, Corroon M, Gueye A. Exposição a mensagens de planeamento familiar e utilização de contraceptivos modernos entre homens nas zonas urbanas do Quénia, Nigéria e Senegal: um estudo transversal estudo. Reprod Health. 2015 Jul 22;12:63. doi: 10.1186/s12978- 015-0056-1.

Os investigadores e decisores políticos do planeamento familiar (PF) têm frequentemente ignorado a importância de envolver os homens na fertilidade dos casais e nas escolhas contraceptivas, apesar de o envolvimento masculino ser um fator vital nos programas de saúde sexual e reprodutiva. Este estudo teve como objetivo avaliar se a exposição dos homens a actividades de geração de procura de PF está associada à sua utilização relatada de métodos contraceptivos modernos.

Utilizámos dados de avaliação do projeto de medição, aprendizagem e avaliação da Iniciativa de Saúde Reprodutiva Urbana (URHI) em cidades selecionadas de três países africanos (Quénia, Nigéria e Senegal) recolhidos em 2012/2013. Foi utilizado um desenho de amostragem por conglomerados em duas fases para selecionar uma amostra representativa de homens nos locais de estudo. A amostra para este estudo incluiu homens com idades entre os 15 e os 59 anos que não tinham dados em falta em nenhuma das variáveis-chave: 696 homens no Quénia, 2311 na Nigéria e 1613 no Senegal. Foram efectuadas análises descritivas e multivariadas de regressão logística para avaliar as associações de interesse. Todas as análises foram ponderadas para ter em conta a conceção do estudo e as taxas de não resposta, utilizando o Stata versão 13.

A proporção de homens que declararam utilizar métodos contraceptivos modernos foi de 58% no Quénia, 43% na Nigéria e 27% no Senegal. Cerca de 80% foram expostos a pelo menos uma atividade de geração de procura da URHI em cada país. Algumas actividades de geração de procura da URHI foram significativamente associadas à utilização de métodos contraceptivos modernos por parte dos homens. No Quénia, as pessoas que participaram em eventos comunitários organizados pela URHI tinham quatro vezes mais probabilidades de referir a utilização de métodos modernos (aOR: 3,70; $p < 0,05$), enquanto no Senegal, a exposição a programas televisivos da URHI (aOR: 1,40; $p < 0,05$) e o facto de terem ouvido um líder religioso falar favoravelmente sobre PF (aOR: 1,72; $p < 0,05$) estavam associados à utilização de métodos contraceptivos modernos. Não se observou tal associação na Nigéria.

Os resultados do estudo são importantes para informar futuras actividades de programas de PF que procurem envolver os homens. As actividades do programa devem ser adaptadas ao contexto geográfico, uma vez que os resultados deste estudo indicam variações ao nível da cidade e do país. Estes tipos de programas específicos ao contexto e sensíveis ao género são provavelmente os mais eficazes na redução da necessidade não satisfeita de PF.

Aransiola, J. O., Akinyemi, A. I., & Fatusi, A. O. (2014). As percepções e reflexões das mulheres sobre os parceiros masculinos e a dinâmica do casal na adoção do planejamento familiar em favelas urbanas seleccionadas na

Nigéria: uma exploração qualitativa. BMC Public Health, 14(869). doi:10.1186/1471-2458-14-869.

Este estudo examinou as noções locais do envolvimento do parceiro masculino na adoção do PF pelas mulheres em dois bairros de lata urbanos selecionados na Nigéria: Ibadan (região sudoeste) e Kaduna (região noroeste). O estudo analisou os relatos das mulheres sobre o PF, as barreiras percepcionadas pelos parceiros masculinos que desencorajam a utilização do PF e a forma como as mulheres negoceiam e obtêm a cooperação dos seus parceiros masculinos para poderem utilizar o PF. Os investigadores realizaram 16 sessões de FGP com grupos selecionados de homens e mulheres, estratificados por sexo, faixa etária e experiência em PF, utilizando uma vinheta para gerar discussões. As sessões foram facilitadas por cientistas sociais experientes e gravadas em áudio, com a presença de anotadores. Os dados transcritos foram analisados utilizando o software Atlas.ti versão 7. Foi utilizada uma abordagem indutiva para analisar os dados.

Os resultados mostraram que as mulheres das comunidades selecionadas manifestaram o desejo de adotar o PF. Este desejo deve-se a três razões principais: a necessidade de espaçar os nascimentos, a situação financeira da família e o potencial efeito negativo da elevada fertilidade na saúde da mulher. O apoio dos parceiros masculinos à utilização do PF pelas mulheres é considerado baixo, o que se deve a ideias erradas sobre o PF e a crenças e tendências pré-natais tradicionais. Os mecanismos através dos quais as mulheres negoceiam a cooperação dos seus parceiros masculinos na adoção do PF incluem a procura de apoio de outros membros da família do parceiro e o aconselhamento de mulheres mais velhas. Em conclusão, os autores argumentam que, para melhorar significativamente as taxas de adoção do planeamento familiar entre os habitantes dos bairros de lata urbanos na Nigéria, é necessário visar especificamente os homens, bem como as suas parceiras e outras partes interessadas que têm uma influência significativa ao nível da família e da comunidade.

Kassa, M., Abajobir, A. A., & Gedefaw, M. (2014). Nível de envolvimento masculino e fatores associados no uso de serviços de planejamento familiar entre homens casados na cidade de Debremarkos, noroeste da Etiópia. BMC International Health and Human Rights, 14(33) doi:10.1186/s12914-014-0033-8.

Este estudo avaliou o nível de envolvimento masculino na utilização de serviços de planeamento familiar e os seus factores associados na cidade de Debremarkos, no noroeste da Etiópia. Os autores observaram que o envolvimento masculino é crucial para o sucesso dos programas de planeamento familiar e para o empoderamento das mulheres, e que o envolvimento masculino está associado a melhores resultados em termos de saúde reprodutiva, incluindo a aceitação e manutenção de contraceptivos, bem como a um comportamento sexual mais seguro. As atitudes dos homens em relação ao planeamento familiar e as barreiras relacionadas com o género explicam em parte a baixa adesão ao planeamento familiar. Os investigadores realizaram um estudo transversal de base comunitária de outubro a novembro de 2013, utilizando uma técnica de amostragem em várias fases para selecionar 524 participantes do sexo masculino elegíveis para o estudo. Os dados foram recolhidos através de questionários semi-estruturados e analisados utilizando Epi Info e SPSS; foram efectuadas análises univariadas, bivariadas e de regressão logística.

Os resultados do estudo indicam que apenas 44 (8,4%) dos inquiridos utilizaram ou participaram diretamente na utilização de serviços de planeamento familiar, sendo os preservativos masculinos a principal escolha. As razões para esta baixa adesão foram o desejo de ter mais filhos, a recusa da esposa ou parceira, o medo dos efeitos secundários, a proibição religiosa, a falta de conhecimento dos contraceptivos e a crença de que o planeamento familiar era um assunto exclusivo das mulheres. A opinião sobre os serviços de planeamento familiar, a aprovação dos homens e a utilização atual de métodos de planeamento familiar estavam associados ao envolvimento dos homens na utilização dos serviços. Kassa e amigos concluíram que o nível de envolvimento masculino era baixo nesta população. Os autores indicaram que a falta de informação, a inacessibilidade aos serviços e o desejo de ter mais filhos eram as principais razões para a baixa participação dos homens na utilização dos serviços de planeamento familiar. As organizações governamentais e não governamentais, os doadores e as partes interessadas relevantes devem garantir a disponibilidade, a acessibilidade e a promoção sustentada da utilização dos serviços de planeamento familiar pelos homens. Os programas de planeamento familiar devem integrar a responsabilidade e o papel dos homens na adoção do planeamento familiar.

4 Discussão

A persistência de elevadas taxas de necessidades não satisfeitas de planeamento familiar e contraceção moderna nos países de baixa e média renda e o subsequente impacto negativo dessas necessidades não satisfeitas nos resultados da saúde materna e infantil e no crescimento populacional tornaram-se uma preocupação global que requer atenção imediata. Os resultados dos estudos mostram que, nos países de baixa e média renda, a influência e as atitudes dos parceiros masculinos em relação aos programas de PF são uma barreira importante para os esforços locais, nacionais e globais no sentido de uma utilização contínua e crescente do PF e da contraceção moderna (Mbizvo & Adamchak, 1991; Withers et al., 2015). Embora os programas tradicionais de planeamento familiar se concentrem nas mulheres, os estudos incluídos nesta revisão destacam a necessidade de aumentar a participação dos homens na utilização de métodos contraceptivos modernos. No entanto, na maioria das regiões de países de baixa e média renda, onde a necessidade não atendida de PF e métodos contraceptivos continua alta, a cultura e as normas de género valorizam as decisões conjugais dos homens em detrimento das das mulheres. Os homens têm mais poder de decisão em questões financeiras, tamanho da família, educação dos filhos e interações sociais (Marchi et al., 2008). Em vários estudos, as mulheres referiram que a não utilização de contraceptivos modernos se devia à desaprovação do marido (Bankole & Singh, 1998; Yadav, Singh, & Goswami, 2010).

De acordo com Kabagenyi et al. (2014), as principais barreiras à participação dos homens em programas de PF e contraceptivos modernos incluem (a) efeitos colaterais percebidos dos métodos contraceptivos femininos que interrompem a atividade sexual, (b) escolhas limitadas de contraceptivos masculinos disponíveis, e medo e preocupações sobre a vasectomia, (c) crenças resultantes de normas tradicionais de género, segundo as quais a saúde reprodutiva era um domínio da mulher, e o facto de a comunicação sobre planeamento familiar se ter centrado nas mulheres no passado, (d) a preferência por uma família numerosa, não inibida por um espaçamento prolongado dos nascimentos, e (e) o receio de que a utilização de contraceptivos pelas mulheres conduza a relações sexuais extraconjugais. Por conseguinte, os programas de PF para promover o envolvimento masculino têm de desenvolver estratégias para desmistificar os aspectos negativos associados à utilização de contraceptivos modernos, tanto por homens como por mulheres. Embora as barreiras para aumentar a participação dos homens nos serviços de planeamento familiar sejam amplamente reconhecidas, poucas intervenções visam ultrapassá-las. Pior ainda, os poucos programas disponíveis não foram objeto de uma avaliação científica da sua eficácia.

Dada a predominância masculina na maioria dos contextos culturais onde a adoção de contraceptivos modernos tem sido mais lenta, os programas de PF que não apoiam o envolvimento masculino têm um impacto limitado na resposta às necessidades não satisfeitas (Ha, Jayasuriya, & Owen, 2003; Saha et al., 2007; Onyango, Owoko, & Oguttu, 2010; Aransiola, Akinyemi, & Fatusi, 2014). É, portanto, imperativo conceber e desenvolver programas de educação para a saúde com o objetivo de melhorar as crenças e atitudes dos homens em relação ao uso de PF e métodos contraceptivos. Além disso, os centros de serviços de planeamento familiar devem ser redesenhados para serem amigos dos homens, melhorando a escolha e a disponibilidade de contraceptivos masculinos a preços acessíveis.

5 Conclusão

Dada a natureza sensível dos papéis e relações de género em muitas culturas de países de baixa e média renda, é importante compreender e ter em conta as culturas, crenças e atitudes na conceção e desenvolvimento de políticas e programas de intervenção destinados a aumentar o envolvimento dos homens/maridos no planeamento familiar e nas actividades de contraceção. Os resultados desta análise proporcionam uma base para estabelecer o que já se sabe e o que tem funcionado, bem como recomendações para mais investigação sobre o tema do envolvimento dos homens na melhoria da saúde das mulheres através do acesso e da utilização do planeamento familiar moderno e da contraceção.

Esta bibliografia anotada não é uma representação exaustiva de todos os estudos realizados sobre o tema do envolvimento dos homens em PF e programas de contraceção moderna em todo o mundo. No entanto, fornecemos uma visão geral dos estudos/dados existentes sobre as atitudes, percepções, práticas, experiências e conhecimentos dos homens sobre programas de PF em países de baixa e média renda. Apesar do envolvimento íntimo dos homens na sexualidade e na reprodução, o PF tem-se centrado tradicionalmente quase exclusivamente nas mulheres, com pouca ou nenhuma atenção dada aos papéis dos homens. Por conseguinte, os programas de planeamento familiar têm sido concebidos exclusivamente para as mulheres. Os investigadores concordam que o envolvimento masculino pode aumentar significativamente a adesão ao planeamento familiar, mas os estudos incluídos neste documento mostram que o envolvimento masculino no planeamento familiar tem sido dificultado na maioria dos países de baixa e média renda por papéis de género culturalmente definidos, pelo conhecimento inadequado dos homens sobre planeamento familiar e práticas contraceptivas, e pelo costume dos programas de saúde reprodutiva se centrarem exclusivamente nas mulheres. É imperativo implementar iniciativas destinadas a remover barreiras e a reforçar o papel dos homens em vários aspectos da saúde reprodutiva, como a utilização do planeamento familiar e de métodos contraceptivos modernos. O aumento da participação masculina seria incentivado através do desenvolvimento de programas de PF e de métodos contraceptivos adaptados aos homens, da educação dos homens e da sua sensibilização para os benefícios do PF, bem como da abordagem dos desequilíbrios culturais e das normas de género de uma forma mais aprofundada do que a atual. Um maior envolvimento dos homens não só responderá às necessidades não satisfeitas, melhorando a aceitação e a utilização continuada do PF e dos métodos contraceptivos modernos, como também contribuirá positivamente para outros aspectos do desenvolvimento socioeconómico nos países de baixa e média renda, para além da saúde reprodutiva.

Declaração de exoneração de responsabilidade: este relatório contém as opiniões colectivas de um grupo internacional de peritos e não representa necessariamente as decisões ou a política declarada da Organização Mundial de Saúde.

6 Referências

Addis A., Tilahun B., Asefa G., Alganesh H., Woldegebriel G., (2015). Avaliando o papel dos homens no uso do planejamento familiar na cidade de Edaga-Hamuse, Tigray, norte da Etiópia. *Revista Americana de Ciências de Enfermagem. (4)4,* 174-181. doi : 10.11648/j.ajns.20150404.15.

Ahsan, S. B. (1992). Os homens no Bangladesh desempenham um papel no planeamento familiar. *Network, 13(1),* 18-19.

Ali M, Rizwan H, Ushijima H. Men and reproductive health in rural Pakistan: the case for increased male participation. Eur J Contracept Reprod Health Care. 2004 Dec ; 9(4):260-6.

Ali M, Bhatti MA, Ushijima H. Necessidades de saúde reprodutiva dos adolescentes do sexo masculino nas zonas rurais do Paquistão: um estudo exploratório. Tohoku J Exp Med. 2004 Sep;204(1):17-25.

Ali M, Ushijima H. Men's perceptions of the role of religious leaders in reproductive health issues in rural Pakistan (Percepções dos homens sobre o papel dos líderes religiosos em questões de saúde reprodutiva no Paquistão rural). J Biosoc Sci. 2005 Jan;37(1):115-22.

Aransiola, J. O., Akinyemi, A. I., & Fatusi, A. O. (2014). Percepções e reflexões das mulheres sobre os parceiros masculinos e a dinâmica do casal na adoção do planejamento familiar em favelas urbanas selecionadas na Nigéria: uma exploração qualitativa. *BMC Public Health, 14869.* doi:10.1186/1471-2458-14- 869.

Bankole, A. e Singh, S. (1998). Couples' fertility and contraceptive decision-making in developing countries: hearing the man's voice. *International Family Planning Perspectives*, 15-24. doi:10.2307/2991915.

Canning D, Schultz T P. The Economic Consequences of Reproductive Health and Family Planning [As consequências económicas da saúde reprodutiva e do planeamento familiar]. Lancet 2012; 380:165-171.

Clark, J., Yount, K. M. e Rochat, R. (2008). Men's involvement in family planning in rural Bangladesh. *Journal of Biosocial Science, 40*(6), 815-40. doi:10.1017/S002193200800285X.

Darroch, J. E., G. Sedgh, e H. Ball (2011). *Contraceptive Technologies: Meeting Women's Needs [Tecnologias Contraceptivas: Satisfazendo as Necessidades das Mulheres].* Nova Iorque: Instituto Guttmacher.

Dudgeon, M. R., e Inhorn, M. C. (2004). Men's influences on women's reproductive health: Medical anthropological perspectives. *Social Science & Medicine, 59(7),* 1379-1395. doi:10.1016/j.socscimed.2003.11.035.

Planeamento familiar 2020. (2015). Indicadores principais do PF2020: Necessidades não satisfeitas. Obtido em 6 de julho de 2015 em http://2012progress.familyplanning2020.org/fp2020-core-indicators-unmet-need

Ha, B. T., Jayasuriya, R. e Owen, N. (2003). Male involvement in family planning in rural Vietnam: an application of the transtheoretical model. *Health Education Research, 18*(2), 171-180. doi:10.1093/her/18.2.171.

Kabagenyi, A., Jennings, L., Reid, A., Nalwadda, G., Ntozi, J., & Atuyambe, L. (2014). Barreiras ao envolvimento masculino na adoção de contraceptivos e nos serviços de saúde reprodutiva: um estudo qualitativo das percepções de homens e mulheres em dois distritos rurais do Uganda. *Saúde Reprodutiva, 11*(1), 21. doi:10.1186/1742-4755-11-21.

Kaida, A., Kipp, W., Hessel, P., & Konde-Lule, J. (2005). Male participation in family planning: results from a qualitative study in Mpigi District, Uganda. *Journal of Biosocial Science, 37*(03), 269-286. doi:10.1017/S0021932004007035.

Kamal, N. (2000). The influence of husbands on contraceptive use by Bangladeshi women (A influência dos maridos na utilização de contraceptivos pelas mulheres do Bangladesh). *Health Policy and Planning, 15*(1), 43-51. doi:10.1093/heapol/15.1.43.

Kassa, M., Abajobir, A. A., & Gedefaw, M. (2014). Nível de envolvimento masculino e factores associados na utilização de serviços de planeamento familiar entre homens casados na cidade de Debremarkos, noroeste da Etiópia. *BMC International Health and Human Rights, 14(33).* doi: 10.1186/s12914-014- 0033-8.

Khalifa, M. A. (1988). Attitudes of urban Sudanese men toward family planning. *Studies in Family Planning, 19*(4), 236-243. doi:10.2307/1966555.

Lee, R. B. (1999). Men's involvement in women's reproductive health projects and programmes in the Philippines. *Reproductive Health Matters, 7*(14), 106-117. doi:10.1016/S0968-8080(99)90011-3.

Marchi, N. M., De Alvarenga, A. T., Osis, M. J. D., & Bahamondes, L. (2008). Métodos contraceptivos com envolvimento masculino: Uma perspetiva de casais brasileiros. *International Nursing Review, 55*(1), 103-109. doi:10.1111/j.1466-7657.2007.00572.x.

Mbizvo, M. T. e Adamchak, D. J. (1991). Family planning knowledge, attitudes, and practices of men in Zimbabwe. *Studies in Family Planning, 22*(1), 31-38. doi : 10.2307/1966517.

Mistik, S., Nacar, M., Mazicioglu, M. e Cetinkaya, F. (2003). Married men's opinions and involvement regarding family planning in rural areas. *Contraception, 67*(2), 133-137. doi:10.1016/S0010-7824(02)00459-6.

Mosha, I., Ruben, R. e Kakoko, D. (2013). Decisões de planeamento familiar, percepções e dinâmicas de género entre casais em Mwanza, Tanzânia: Um estudo qualitativo. *BMC Public Health, 13*(1), 523. doi:10.1186/1471-2458-13-523.

Mullany, B. C. (2006). Barriers to and attitudes towards promoting husbands' involvement in maternal health in Kathmandu, Nepal (Barreiras e atitudes para promover o envolvimento dos maridos na saúde materna em Katmandu, Nepal). *Social Science & Medicine, 62*(11), 2798-2809.

Nasir, J. A., Tahir, M. H. e Zaidi, A. A. (2010). Contraceptive attitude and behaviour among university men : A study from Punjab, Pakistan. *Jornal da Faculdade de Medicina de Ayub, Abbottabad: JAMC, 22*(1), 125-128. PMid:21409923.

Okigbo CC, Speizer IS, Corroon M, Gueye A. Exposição a mensagens de planeamento familiar e uso de contraceptivos modernos entre homens no Quénia urbano, Nigéria e Senegal: um estudo transversal. Reprod Health. 2015 Jul 22;12:63. doi: 10.1186/s12978-015-0056-1.

Okwor, E. U. e Olaseha, I. O. (2009). A perceção dos homens casados sobre o uso de contraceptivos modernos pelas esposas: um estudo qualitativo na área governamental local noroeste de Ibadan, sudoeste da Nigéria. *International Quarterly of Community Health Education, 30*(3), 223-238. doi:10.2190/IQ.30.3.d.

Olivares, D. (1988). Serão os homens da América Latina e das Caraíbas irresponsáveis em matéria de planeamento familiar? É o casal que engravida. *Forum Fam Plan West Hemisph. 1988 Abr:13.*

Onyango, M. A., Owoko, S. e Oguttu, M. (2010). Factores que influenciam o envolvimento dos homens na saúde sexual e reprodutiva na região ocidental do Quénia: Um estudo qualitativo: artigo de investigação original. *Revista Africana de Saúde Reprodutiva, 14(4),* 33-43.

Orji, E. O., Ojofeitimi, E. O., & Olanrewaju, B. A. (2007). The role of men in family planning decision-making in rural and urban Nigeria. *The European Journal of Contraception & Reproductive Health Care, 12*(1), 70-75. doi:10.1080/13625180600983108.

Ortayli, N., Bulut, A., Ozugurlu, M. e Cokar, M. (2005). Porquê retirar-se? Porquê não desistir? Perspectivas masculinas. *Reproductive Health Matters, 13*(25), 164-173. doi:10.1016/S0968-8080(05)25175-3.

Petro-Nustas, W. e Al-Qutob, R. D. (2002). Jordanian men's attitudes and views of birth-spacing and contraceptive use (a qualitative approach). *Health Care For Women International*, *23*(6-7), 516-529. doi:10.1080/07399330290102246.

Pillai, V. K., & Kelley, A. C. (1994). Men and family planning: Toward a policy of male involvement. *Polish Population Review /Polish Demographic Society [E] Central Statistical Office, 5,* 293-304.

Ringheim, K. (1996). Envolvimento masculino e métodos contraceptivos para homens: Presente e futuro. *Social Change, 26*(3-4), 88-99. PMid:12348919.

Saha, K. B., Singh, N., Chatterjee Saha, U. e Roy, J. (2007). Male involvement in reproductive health among scheduled tribe: Experience from Khairwars of central India (Envolvimento masculino na saúde reprodutiva entre as tribos catalogadas: Experiência de Khairwars da Índia central). *Rural Remote Health, 7*(2), 605. PMid:17511523.

Sedgh, G. e Hussain, R. (2014). Razões para o não uso de contraceptivos entre mulheres com necessidade não atendida de contraceção nos países em desenvolvimento. *Estudos em Planeamento Familiar, 45(2),* 151-169. doi: 10.1111/j.1728-4465.2014.00382.x.

Singh, S. e J. Darroch (2014). *Adding It Up: Costs and benefits of investing in sexual and reproductive health services - Estimates for 2014.* Nova Iorque: Instituto Guttmacher e Fundo das Nações Unidas para a População (UNFPA).

Shahjahan, M., Mumu, S. J., Afroz, A., Chowdhury, H. A., Kabir, R. e Ahmed, K. (2013). Determinantes da participação dos homens nos serviços de saúde reprodutiva: um estudo transversal. *Reproductive Health, 10*(1), 27. doi:10.1186/1742-4755-10-27.

Tilahun, T., Coene, G., Temmerman, M., & Degomme, O. (2014). Discordância conjugal na preferência de fertilidade e seu efeito na prática contraceptiva entre casais na zona de Jimma, Etiópia. *Saúde Reprodutiva, 11*(27). doi: 10.1186/1742-4755-11-27.

Tilahun T, Coene G, Temmerman M, Degomme O. Educação sobre planeamento familiar baseada no casal: mudanças no envolvimento masculino e uso de contraceptivos entre casais casados na Zona de Jimma, Etiópia. BMC Public Health. 2015 Jul 21;15:682.

Timmermans, D. (1996). O papel dos homens na saúde reprodutiva: O planeamento familiar é um assunto de família. *Entre Nous (Copenhaga, Dinamarca), (32),* 8-9. PMid:12222273.

Tuloro, T., Deressa, W., Ali, A., & Davey, G. (2009). The role of men in contraceptive use and fertility preference in Hossana Town, southern Ethiopia. *Ethiopian Journal of Health Development, 20*(3). doi:10.4314/ejhd.v20i3.46826.

Fundo das Nações Unidas para a População. (2014). Programa de Ação da Conferência Internacional sobre População e Desenvolvimento. Retrieved from http://www.unfpa.org/publications/international- conference-population-and-development-programme-action

Withers, M., Dworkin, S. L., Onono, M., Oyier, B., Cohen, C. R., Bukusi, E. A., & Newmann, S. J. (2015). Perspectivas dos homens sobre o seu papel no planeamento familiar na província de Nyanza, Quénia. *Studies in Family Planning, 46*(2), 201-215. doi:10.1111/j.1728-4465.2015.00024.x.

Organização Mundial da Saúde. (2015). *Planeamento familiar / Contraceçao.* Acedido a 6 de julho de 2015 em: http://www.who.int/mediacentre/factsheets/fs351/en/

Yadav, K., Singh, B. e Goswami, K. (2010). Agreement and concordance regarding reproductive intentions and contraception between husbags and wives in rural Ballabgarh, India (Acordo e concordância sobre intenções reprodutivas e contraceção entre maridos e mulheres na zona rural de Ballabgarh, Índia) *Indian Journal of Community Medicine: Official Publication of Indian Association of Preventive & Social Medicine, 35*(1), 19-23. doi:10.4103/0970-0218.62548.

Yue, K., O'Donnell, C. e Sparks, P. L. (2010). The effect of spousal communication on contraceptive use in Central Terai, Nepal. *Patient Education and Counseling, 81(3), 402-408.* doi:10.1016/j.pec.2010.07.018.

MIX
Papier aus verantwortungsvollen Quellen
Paper from responsible sources
FSC® C105338

Printed by Books on Demand GmbH, Norderstedt / Germany